Katharina Miko-Schefzig
Forschen mit Vignetten

Qualitativ forschen – Aktuelle Ansätze

Herausgegeben von
Günter Mey | Debora Niermann | Andrea Ploder | Jo Reichertz

Ziel der Reihe sind die Förderung und Sichtbarmachung vielversprechender aktueller Impulse aus dem Feld der qualitativen Forschung. Während bestehende Reihen vor allem etablierten Ansätzen gewidmet sind, liegt der Fokus hier auf neuen sowie wiederentdeckten Zugängen und Debatten, die für die Zukunft der qualitativen Forschung bedeutsam sind.

Katharina Miko-Schefzig

Forschen mit Vignetten

Gruppen, Organisationen, Transformation

Die Autorin

Dr. Katharina Miko-Schefzig leitet das Kompetenzzentrum für empirische Forschungsmethoden an der Wirtschaftsuniversität Wien.

Dieses Buch ist erhältlich als:
ISBN 978-3-7799-6550-3 Print
ISBN 978-3-7799-6551-0 E-Book (PDF)

1. Auflage 2022

in der Verlagsgruppe Beltz · Weinheim Basel
Werderstraße 10, 69469 Weinheim

Herstellung und Satz: Ulrike Poppel
Druck und Bindung: Beltz Grafische Betriebe, Bad Langensalza
Printed in Germany

Weitere Informationen zu unseren Autor_innen und Titeln finden Sie unter: www.beltz.de

Inhalt

1 Einleitung: Mein Weg zur Vignette

Als ich 2006 am Institut für Höhere Studien in Wien anfing, mich mit Vignetten als sozialwissenschaftlichem Verfahren[1] zu beschäftigen, hatte ich die Lacher meistens auf meiner Seite: Vignetten, das kenne man von der Autobahn, aber nicht als ernstzunehmende und verbreitete sozialwissenschaftliche Methode. Die Kommentare mit den Autos und der Autobahn verfolgten mich überraschenderweise doch einige Jahre.

Auch wenn sich die Verbreitung von Vignetten in den letzten zehn Jahren in der qualitativen und interpretativen Forschung[2] verändert hat und sie durchaus mehr in den Fokus gerückt sind, ist ihre breite Anwendung dennoch nicht zu beobachten. In Hinblick auf ihr methodisches Potenzial, ihre Praxisrelevanz und ihre vielfältigen Einsatzmöglichkeiten ist jedoch damit zu rechnen, dass sie in den nächsten Jahren weiter an Bedeutung gewinnen werden. Auch auf methodologischer Ebene schließt die Vignette an einen Trend an, nämlich das neu entfachte Interesse am Konzept der Situation: Vignetten sind Situationsbeschreibungen, die in qualitativen und interpretativen Forschungen als Elizitierungsverfahren in Einzel- oder Gruppeninterviews eingesetzt werden können: „In der Sozialwissenschaft steht der Begriff ‚Vignette' meist für eine stimulierende Ausgangssituation, die die befragten Personen zu Beurteilungen oder zu weiterführenden Handlungsmöglichkeiten anregen soll" (Stiehler/Fritsche/Reutlinger 2012, S. 1). Elizitierung, d. h. das gezielte Hervorbringen von Narrationen in Interviewsituationen, ist ein altes sozialwissenschaftliches Konzept. Bereits im fokussierten Interview, in den 1940er Jahren von Merton/Kendall (1979; Merton/Fiske/Kendall 1956) entwickelt, sowie in der Moralforschung ab den 1950er Jahren (Kohlberg 1984) eingesetzt, wurden Gesprächsanreize genutzt, um „Reaktionen und Interpretationen im Interview in relativ offener Form zu erheben" (Hopf 2012, S. 353). Derartige Anreize konnten Filme und Zeitungsartikel, aber auch den Teilnehmenden geläufige Situationen sein. Das Spezifische an der Ver-

1 Ich werde den Einsatz von Vignetten in diesem Buch als Verfahren vorstellen, das aus unterschiedlichen Schritten in einem Forschungsprozess besteht. Hin und wieder werde ich aber auch von „Werkzeug" oder „Tool" sprechen, da Vignetten auch schlichtweg zum Zwecke von Elizitierung in Interviews verwendet werden können, ohne meinem Ansatz ganz zu folgen.

2 Ich werde in Folge von der qualitativen Forschung sprechen und dort auf die interpretative Forschung verweisen, wo ich die Unterteilung für die Debatte als relevant erachte. Zur Debatte über die Sinnhaftigkeit der Abgrenzung zwischen qualitativer und interpretativer Forschung sowie über Neuerungen in der qualitativen/interpretativen Forschung siehe die Beiträge von Flick (2016), Hitzler (2016), Mey (2016), Reichertz (2017) und Strübing (2017) in der Zeitschrift für qualitative Forschung.

wendung von Vignetten ist, dass kurze situative Narrationen als Einstieg in eine Interviewsituation genutzt werden. In der Vignettenmethode ist also die Situation die wesentliche empirische Einheit.

Um mein eigenes Vignettenverständnis besser zu kontextualisieren, möchte ich zunächst nachzeichnen, aus welchen methodischen und gegenstandsbezogenen Fragestellungen ich selbst zum Einsatz von Vignetten in der qualitativen Forschung gekommen bin und welches Vignettenverständnis sich daraus entwickelt hat. Die empirische Basis für dieses Buch sind zwei Forschungslinien, die ich in den letzten zwölf Jahren verfolgt habe: zum einen die Beschäftigung mit der subjektiven Sicherheit im öffentlichen Raum bei problematisierten Situationen, zum anderen die Situation von Häftlingen in Polizeianhaltezentren,[3] allen voran Schubhäftlingen vor der Deportation. Ein jüngerer Forschungsfokus sind Pflegesituationen in der stationären Langzeitpflege, vor allem von Menschen mit Demenz.

Situation und öffentlicher Raum: Ein Startpunkt

Empirisch habe ich die Methode zunächst für Fragen im öffentlichen Raum (mit einem besonderen Fokus auf polizeiliches Handeln) entwickelt. Hier war mein Erkenntnisinteresse die Aushandlung von Sicherheit an Orten, über die in medialen oder politischen Diskursen als verunsichernde Orte gesprochen wird. Während eine Vielzahl von Studien zur subjektiven Sicherheit (z. B. Hammerschick/Karazman-Morawetz/Stangl 1996; Johnston 2005; Sessar/Stangl/Van Swaaningen 2007; Stangl et al. 1995) an den individuellen Erzählungen der im öffentlichen Raum anwesenden Personen ansetzte (etwa Interviewstudien), habe ich einen situativen Ansatz gewählt, um das subjektive Sicherheitsgefühl zu erforschen. Es stand also nicht im Vordergrund, wie eine einzelne Person Sicherheit bzw. Unsicherheit völlig unabhängig von einer konkreten Situation definiert. Das Interesse richtete sich vielmehr auf die Frage, wie Sicherheit bzw. Unsicherheit als scheinbar subjektive Phänomene in sozialen Situationen ausgehandelt und hergestellt werden – und somit, welche „latenten Strukturen“ (Froschauer/Lueger 2020) dahinter sichtbar werden.

In diesem Buch werde ich immer wieder auf Beispiele aus drei Studien zu Situationen im öffentlichen Raum zurückgreifen und sowohl Abgrenzungen als auch Anschlussstellen an andere qualitative und interpretative Methoden aufzei-

3 Unter Polizeianhaltezentren werden in Österreich jene Gefängnisse verstanden, die vom Bundesministerium für Inneres verwaltet werden. In diesen Zentren befinden sich Verwaltungs- und Schubhäftlinge. Unter Schubhäftlingen werden in Österreich Geflüchtete vor deren Deportation verstanden.

gen. Es handelt sich dabei um die zeitlich aufeinanderfolgenden Projekte[4] „SUSI – Sicherheit im öffentlichen Raum" (Laufzeit 2007–2009), „PARSIFAL – Partizipative Sicherheitsforschung in Ausbildung und Lehre" (Laufzeit 2011–2013) sowie „POLIS – Polizei und Öffentlichkeit: Polizei – Lehre – Sicherheit" (Laufzeit 2013–2015).[5] Alle drei Projekte wurden im Sicherheitsforschungs-Förderprogramm KIRAS vom österreichischen Bundesministerium für Verkehr, Innovation und Technologie finanziert. Diesem Programm ist immanent, dass der Einbezug eines sogenannten „Bedarfsträgers" erforderlich ist, um die Förderung erhalten zu können. Unter Bedarfsträger werden (in ihrem Zugang meist restriktive) Organisationen verstanden, die Bedarf an einem spezifischen Forschungsthema anmelden und daher Interesse haben, Feldzugang zu gewähren. In unserem Fall war der Bedarfsträger bei allen drei Projekten das Bundesministerium für Inneres bzw. die operativen polizeilichen Einheiten.

Der transformatorische Anspruch

Der Einbindung von Praxispartner*innen ist ein zweites Merkmal dieser Projekte geschuldet, welches auch Einfluss auf mein Verständnis von Vignettenforschung hatte: Durch den Einsatz von Vignetten in heterogenen Gruppen sollten die besprochenen Situationen nicht nur ausverhandelt und der Analyse zugänglich gemacht, es sollten auch mögliche Lösungsansätze für die konkreten Probleme erarbeitet werden. In diesem Verständnis hat der Einsatz von Vignetten also auch transformatorisches Potenzial, welches für Fragen von Machtkonstellationen bzw. deren Brechung adressiert werden kann. Ich nenne dieses Potenzial performativ, in Anlehnung an Judith Butlers (2014) Konzepte von Performativität und Vulnerabilität. Ein Aspekt, den ich vor allem in einem weiteren Feld nutzen und weiterentwickeln konnte.

---

4 In der Fundierung des Buches in diesen Projekten liegt auch der Grund dafür, dass ich zwischen „Ich" und „Wir" abwechsle. Wenn ich von gemeinsamer empirischer Projektarbeit spreche, verwende ich das „Wir". Die theoretische und methodische Fundierung ist genuin meine Arbeit. An diesen Stellen wechsle ich zum „Ich". Im Kapitel 4.2 verwende ich dominant die „Wir"-Form. Das ist inhaltlich begründet. Das transformatorische und performative Arbeiten in den konkret beforschten Organisationen (im Falle der Schubhaft sogar eine totale Institution) ist nicht ohne ein breit aufgestelltes Forschungsteam umsetzbar.

5 SUSI – Subjektive Sicherheit im öffentlichen Raum: www.kiras.at/gefoerderte-projekte/detail/susi.
PARSIFAL – Partizipative Sicherheitsforschung in Ausbildung und Lehre in Österreich: www.kiras.at/gefoerderte-projekte/detail/parsifal.
POLIS – Polizei und Öffentlichkeit: Lehre – Intensivierung – Sicherheit: www.kiras.at/gefoerderte-projekte/detail/polis (alle Links eingesehen am: 18.10.2021).

Dieser zweite Gegenstand[6] fokussierte auf Schubhaftzentren, also jene Haftanstalten, in denen Geflüchtete mit negativem Asylbescheid vor der Deportation inhaftiert sind. In diesem Projekt ging es mir darum, Fokusgruppen mit heterogenen Gruppen (mit Machtgefällen) zusammenzusetzen (etwa Geflüchtete, Polizist*innen, die dort arbeiteten, medizinisches Personal) und problematische Situationen in der Haft gemeinsam zu diskutieren. Die Vignetten bestanden inhaltlich aus typisierten Situationen, die sich in der Analyse des Materials aus den eineinhalb Jahren ethnografischer Forschung in den Zentren gezeigt hatten. Beim Einsatz von Vignetten in diesem Kontext war es mir nicht nur wichtig, die Situationsdefinitionen der einzelnen Teilnehmenden zu erfassen, sondern auch, Lösungen für problematische Situationen zu erarbeiten. Der Einsatz von Vignetten hatte hier also nicht nur eine Forschungsintention, sondern sollte auch ihr transformatorisches Potenzial entwickeln. Tatsächlich veränderte unsere Forschung die Beziehungen zwischen Polizei und Häftlingen: Die sonst eher machtlosen Häftlinge konnten in der vignettenbasierten Fokusgruppe ihr eigenes Agenda-Setting betreiben, während die Vertreter*innen der Polizei lernten, den Perspektiven der Häftlinge gegenüber aufgeschlossener zu werden. Dieses Ergebnis ist nicht nur an sich wertvoll, sondern auch eine empirische Grundlage für das, was Routledge/Derickson (2015) als „situated solidarities" bezeichnen, also auch ein Beitrag zur Förderung von Solidaritäten.

Ein dritter Gegenstandsbereich, den wir unter Verwendung von Vignetten untersuchten, war die stationäre Langzeitpflege, vor allem auch von an Demenz erkrankten Menschen. Auch hier forschten wir mit heterogenen Gruppen. Die Situationen, die wir hier fokussierten, waren Konflikte zwischen Pflegepersonal und Angehörigen im Übergang von der Pflege zu Hause hin zur stationären Langzeitpflege.

Situationen und Organisation

Viele der Situationen, anhand derer ich Vignetten konstruiert habe, fanden in einem organisationalen Rahmen, etwa in der polizeilichen Schubhaft oder in einem Pflegeheim, statt. Das empirische Fokussieren dieser alltäglichen Situationen in einem organisationalen Kontext macht es notwendig, darauf hinzuweisen, dass ich einem interpretativen Organisationsverständnis folge (Froschauer 2012; Strauss 1978). Dies bedeutet in erster Linie eine Unterscheidung zwischen formellen und informellen Organisationsstrukturen. Die formellen Organisationsstrukturen sind dabei ein Rahmen. Ihre jeweilige Auslegung, d. h. die Aushandlung von Regeln und das Abstimmen von Handlungen, passiert aber in jeder In-

6 2016–2018 habe ich eine Studie zu Polizeianhaltezentren geleitet: www.kiras.at/gefoerderte-projekte/detail/moma.

teraktion neu (Strauss 1978) und verfestigt oder ändert den formalen Rahmen. Interaktive Aushandlungen („negotiations", „negotiated order", Strauss 1978) dienen dabei als Basis der Organisation in ihrem spezifischen Kontext („conditions", „conditional matrix", Strauss 1993).

Strauss (1993) selbst spricht in diesem Zusammenhang auch totale Institutionen an und argumentiert, dass es immer „negotiations" zwischen Menschen gibt, auch zwischen jenen in stark unterschiedlichen hierarchischen Positionen: „Even predominantly coercive orders ultimately require and produce negotiation, and lots of it" (Strauss 1993, S. 255). Diese Aushandlungen betreffen – aus einer Organisationsperspektive – alle Mitglieder dieser Organisation, unabhängig von ihrer hierarchischen Position. Ich halte die Einbindung dieser verschiedenen Positionen für wichtig, wenn organisationaler Wandel ein transformatorisches Ziel ist, weshalb ich auch in partizipativen Projekten (Unger 2014) nicht ausschließlich marginalisierte oder vulnerable Gruppen fokussiert habe. Einem interpretativen Organisationsverständnis folgend, sind Aushandlungen also ein zentraler Bestandteil von Organisationen (mit der polizeilichen Schubhaft hatte ich auch eine totale Institution im Sample). Vignetten sind ein methodisches Tool, um solche Aushandlungen zu initiieren und in Folge zu beobachten.

Das Buch im Überblick

„Forschen mit Vignetten" gibt neben einem Einblick in meinen eigenen Ansatz einen Überblick über verschiedene Konzepte bzw. Einsatzmöglichkeiten von Vignetten und diskutiert deren Anschlussstellen zu unterschiedlichen Elizitierungsverfahren. Was eine Vignette genau ist, wofür und an welcher Stelle des Forschungsprozesses sie eingesetzt werden soll, wird in der Literatur sehr unterschiedlich diskutiert (etwa Jenkins et al. 2010; Kandemir/Budd 2018; Stiehler/Fritsche/Reutlinger 2012; Wodak 2015). In diesem Buch möchte ich meinen Ansatz vorstellen, aber auch auf die Vielfalt anderer Verständnisse Bezug nehmen. Die Frage, in welcher Weise Erzählungen ausgelöst bzw. angeregt werden können (etwa durch Einstiegsfragen, Leitfaden u. Ä.), ist kontinuierlich Gegenstand der qualitativen Interviewforschung (etwa Loosen 2016; Mey 2000). Die Vignetten als Situationsbeschreibungen werfen hier Fragen auf, die Anschlussstellen zu diesen bestehenden Debatten bieten: etwa nach der Relevanz für die Lebenswelt der Interviewten, der Kontextualisierung der Fragestellung durch konkrete Situationen oder der Multimodalität des Sozialen (Rizvi 2019). Die Vielfältigkeit von Situationsdefinitionen und deren empirische Erfassung in Vignetten sowie – darauf aufbauend – deren Einsatz in ganz unterschiedlichen Interviewsettings werden im Buch anhand konkreter Beispiele aus meiner oben skizzierten Forschung diskutiert.

Der Aufbau des Buches ist wie folgt: Zunächst werde ich der Frage nachgehen, weshalb ein weiteres Buch zu Elizitierungstools in der qualitativen und interpretativen Forschung benötigt wird und dies mit dem Fokus auf Situationen als dem zentralen empirischen Forschungsauftrag des Einsatzes von Vignetten begründen (Kapitel 2). Die darauffolgenden drei Kapitel bilden die Hauptstruktur, da sie sich mit den grundlegenden Fragen „Was ist eine Vignette und wie konstruiere ich sie?" (Kapitel 3), „In welchen Forschungssituationen kann ich Vignetten einsetzen?" (Kapitel 4) und „Welche Analysemöglichkeiten ergeben sich durch das Forschen mit Vignetten?" (Kapitel 5) beschäftigen.

Kapitel 3.1 geht zunächst der Frage nach, *wie Vignetten konstruiert werden*. Dies wird in der Literatur sehr unterschiedlich diskutiert. In diesem Kapitel stelle ich meine Parameter der Konstruktion vor. In Kapitel 3.2 gebe ich dazu ein Praxisbeispiel aus meiner Forschung, um die tatsächliche Konstruktion von Vignetten zu veranschaulichen.

In Kapitel 4 stelle ich verschiedene *Forschungssituationen bzw. -designs* vor, in denen man Vignetten einsetzen kann. Es werden also verschiedene Möglichkeiten der Datenproduktion beschrieben. Starten möchte ich dabei in Kapitel 4.1 mit dem Einsatz von Vignetten in Gruppensettings. Situationen benötigen Menschen, gerade deshalb ist der Einsatz in Mehrpersonengesprächen sehr gewinnbringend. In einem nächsten Kapitel stelle ich den Einsatz von Vignetten in transformatorischen Projekten vor. Ausgehend von meinen Erfahrungen mit dem Einsatz in partizipativen Projekten, schlage ich hier eine Verbindung zu Judith Butlers Konzept der Performativität vor (Kapitel 4.2). Von dort gehe ich weiter, um den Einsatz von Vignetten in Rollenspielen zu thematisieren (Kapitel 4.3). Schließen werde ich dieses Kapitel mit der Reflexion der Forschungssituation selbst (Kapitel 4.4), denn in den Vignetten werden nicht nur Situationen beschrieben, sondern ihr Einsatz selbst stellt eine Situation dar, die der Reflexion bedarf.

Nach der *Vignettenkonstruktion* sowie der *Datenproduktion* mithilfe von Vignetten in vielfältigen Forschungssituationen, werde ich in einem dritten Hauptkapitel (Kapitel 5) die *Analysemöglichkeiten* reflektieren. Dabei starte ich mit der Darstellung der Vignette als Methode zur Analyse situativer Fragestellungen in der Organisationsforschung (Kapitel 5.1). Von da gehe ich weiter und diskutiere Möglichkeiten zur Analyse von Subjektivierungsweisen und latenten Sinnstrukturen (Kapitel 5.2), um dann Rückschlüsse aus dem transformatorischen Potenzial von Vignetten für wissenssoziologische Fragestellungen zu ziehen (Kapitel 5.3). Abschließend präsentiere ich Vignetten als Analysetool für Selbst- und Fremdzuschreibungen und veranschauliche das mit Beispielen aus meiner Forschung (Kapitel 5.4).

In der Conclusio (Kapitel 6) wende ich mich zwei Aspekten zu: Zum einen nehme ich eine Abwägung der *Chancen und Grenzen der Methode* (Kapitel 6.1) vor. Zum anderen bewerte ich den Einsatz von Vignetten nochmals abschließend hinsichtlich der *Wiederentdeckung und der Aktualität des Konzeptes der Situation*. Dabei möchte ich zeigen, dass Vignetten als Heuristik für verschiedene Situationskonzepte dienen können (Kapitel 6.2).

2 Wieso (noch) ein Buch zur Elizitierung? Die Situation als empirischer Forschungsauftrag und theoretische Konzeption

Ein Buch zu einem weiteren Elizitierungstool scheint wenig innovativ, wenn doch die Literatur zu Elizitierungsmethoden vielfältig ist und gerade neuere Formen (Netzwerkkarten, Fotos u. Ä.) breit diskutiert werden (Werner/Stiehler/Nestmann 2006). Gerade vor diesem Hintergrund sollte plausibilisiert werden, weshalb sich das Forschen mit Vignetten zwar in die Elizitierungsmethoden einordnen lässt, aber darüber hinausgeht und einen durchaus eigenständigen Charakter aufweist. Welchen Mehrwert Vignetten für die Situationsforschung haben, ist Thema dieses Kapitels.

Zunächst gilt es festzuhalten, dass die Vignette sehr wohl eine klassische Elizitierungsform ist: Sie ist ein erzählgenerierender Impuls, der für Einzel- oder Gruppenverfahren gleichermaßen einsetzbar ist. Gleichzeitig bietet der situative Charakter einer Vignette Möglichkeiten, die näher an einer „natürlichen" Sozialität bzw. an kommunikativen Entscheidungen in sozialen Situationen liegen und somit für die sozialwissenschaftliche Analyse besonders gewinnbringend sind. Interessanterweise kann man ein Zitat aus einem Text für quantitative Vignetten auch für die Begründung des Einsatzes von qualitativen Vignetten heranziehen:

> „Ein Vorteil der Beurteilung konkreter Vignettenbeschreibungen besteht darin, dass dies unserem Urteilsverhalten im alltäglichen Leben erheblich näherkommt als die Beantwortung allgemeiner, häufig abstrakter oder aus dem Kontext herausgelöster Fragen." (Dülmer 2019, S. 863)

Die Vielfalt an Elizitierungsmethoden

Elizitierungsmethoden gehören zum Standardrepertoire empirischer Sozialforschung. Pointiert gesagt: Jede Frage in einem Fragebogen ist bereits Elizitierung. Der qualitativen und interpretativen Forschung immanent ist zu reflektieren, was diese Elizitierungen für das produzierte Interviewmaterial bedeuten können. Im besonderen Maße betrifft das natürlich die hermeneutische Analyse, die die Textanalyse von Fragen der Interviewer*innen in ihre Analyse aufnimmt, um daraus auch Schlüsse für den weiteren Gesprächsverlauf und den Gesprächskontext zu ziehen (siehe etwa Deppermann 2013; Reichertz 2013a; zur gewinnbringenden Nutzung von „gescheiterten" Interviews siehe Eckert/Cichecki 2020).

Damit einher geht oftmals auch ein interaktionistisches Verständnis des Interviews (siehe dazu auch Froschauer/Lueger 2020).

Unterschiedliche Elizitierungstechniken sind in jüngerer Zeit zu den klassischen Frage- bzw. Interviewformen (etwa dem Leitfadeninterview) hinzugekommen. In Tabelle 1 findet sich ein grober Überblick über gängige Elizitierungsverfahren. Dabei zeigt sich natürlich, dass manche Elizitierungsmethoden nur wiederentdeckt wurden. Innovative Elizitierungstools gab es sowohl in der Chicagoer Schule der Soziologie als auch in der frühen deutschsprachigen Soziologie, etwa der Marienthal-Studie (1994 [1933]). So schreibt Hans Zeisel (Jahoda/Lazarsfeld/Zeisel 1994 [1933]) ex post über die Datenproduktion in der Marienthal-Studie, dass „die spätere Idee der ‚projective tests' schon damals im Prinzip" angewandt wurde, etwa um zu zeigen, wie sich „die Arbeitslosigkeit der Eltern auf das Seelenleben der Kinder auswirkte" (ebd., S. 16). Auch Stadtbegehungen, während derer Interviews geführt wurden, sind sowohl in der frühen deutschsprachigen als auch in der amerikanischen (Stadt-)Soziologie bekannt und heute in unterschiedlichen Kontexten abgewandelt zu finden, wie etwa jüngst im Ausstellungsinterviewrundgang (AIR) (Reitstätter/Fineder 2021).

Tab. 1: Überblick Elizitierungsverfahren in Interviews

Offene Einstiegsfragen/ erzählgenerierende Fragen	• Biografisches Interview (Fischer-Rosenthal/Rosenthal 1997) • Narratives Interview (Schütze 1977) • Qualitative Interviews (Charmaz 2011; Froschauer/Lueger 2020)
Leitfaden	• Leitfadeninterview/fokussiertes Interview (Loosen 2016; Merton/Fiske/Kendall 1956; Merton/Kendall 1979; Morgan/Hoffman 2018) • Problemzentriertes Interview (Witzel 2000)
(Egozentrierte) Netzwerkkarten/Netzwerkaufstellung, etwa mit Legofiguren	• Netzwerkanalysen (Böhm 2006; Hack 2019; Hollstein 2006; Kraus 2000; Scheibelhofer 2011)
Fotos/Filme und Videos/ visuelle Materialien (z. B. Zeichnungen)	• Fokussiertes Interview (Merton/Fiske/Kendall 1956) • Fotobefragung (Kolb 2008; Mayrhofer/Schachner 2013) • Qualitative Interviews mit Kindern anhand deren Zeichnungen (Miko-Schefzig 2019) • Photovoice-Interviews (Sutton-Brown 2014; Wang/Burris 1997) • Bodymapping (De Jager et al. 2016) • Arts-based-Research (Boydell et al. 2012; Miko-Schefzig/Learmonth/McMurray 2020)
Stadtkarten/Stadtspaziergänge/Begehungen	• Interviews bei Begehungen (etwa Stadtteile: Muchow/Muchow 2012 [1935]) • Go-Alongs (Bieler/Klausner 2019; Pink 2008) • Ausstellungsinterviewrundgang (Reitstätter/Fineder 2021)
Weihnachtswunschlisten und Berufspläne von Kindern	• Frühe projektive Tests (Jahoda/Lazarsfeld/Zeisel 1994 [1933])

Bildergeschichten/Bildertafel	• Projektive Tests, etwa thematischer Auffassungstest (TAT) (Murray 1943; McClelland et al. 1953)
Narrationen/Literatur/ Stellungnahmen (etwa Dilemma-Interviews)/ Life-Story-Boards	• Storytelling (Learmonth/Humphreys 2016) • Struktur- oder Dilemmainterviews (Colby/Kohlberg 1987) • Grafische und taktile Verfahren zum Generieren qualitativer Forschungsdaten (Mignone/Chase/Roger 2019)
Artefakte (z. B. Folder, Büromöbel, persönliche Dokumente)	• Qualitative Interviews unter Bezugnahme auf Artefakte (Froschauer/Lueger 2020; Lueger/Froschauer 2018; Potter/Shaw 2018; Zeiher/Zeiher 1998)
Interaktion im Feld als Interview-Stimulus	• Ethnografische Interviews (Spradley 1979/1980) • Autoethnografische Narrationen („self-interviewing") (Adams et al. 2020; Ellis 1993)
Digitale und Online-Tools (etwa Selfies, Computerspiele, Icons)	• Computer-assistierte Interviews (etwa in der Traumaforschung) (Fängström/Eriksson 2020) • Interviews unter Bezugnahme auf Selfies/Smartphones (Fernández-Ardèvol et al. 2019; Völcker/Bruns 2018) • Hypermedia Ethnography (Mason/Dicks 2001)

Interessanterweise sind manche dieser Elizitierungstools durchaus anschlussfähig an den Einsatz von Vignetten bzw. werden Vignetten in einem umfassenden Ansatz mit diesen kombiniert. Zwei möchte ich hier herausgreifen: Ganz prominent ist etwa der Einsatz von Netzwerkkarten zu erwähnen (Hack 2019; Hollstein 2006; Kraus 2000). Dies hängt auch mit einem ähnlichen Forschungsfokus zusammen. Netzwerkkarten dienen der Erforschung von sozialen Kooperations- und Vernetzungsstrukturen. Hollstein (2006) weist dabei auf den kleinsten gemeinsamen Nenner hin, der die gängigen Netzwerktheorien bzw. -analysen miteinander verbindet, nämlich „die Darstellung der Strukturen von Netzwerken und ihrer Dynamik […] sowie ihre Funktion für die soziale Integration" (ebd., S. 11). Die Vignette als Elizitierungstool kann dieses Forschungsinteresse auf der situativen Ebene unterstützen, da die Bildung von Netzwerken auf einer niedrigeren, interaktiven Ebene ihren Anfang nimmt bzw. die Dynamik auf der situativen Ebene sichtbar und somit erforschbar wird.

Die Netzwerkkarte ist ein Mittel, welches meistens in Interviews eingesetzt wird und einen zusätzlichen Fokus neben gängigen offenen Fragen legt. So schreibt Hack (2019) über ihr Prozedere: „Die Aufforderung zum Zeichnen der Netzwerkkarte wurde dem Themenkomplex ‚Netzwerke' zugeordnet. Neben dem Leitfaden wurde eine ego-zentrierte Netzwerkkarte im Sinne der Methode der konzentrischen Kreise entworfen (Kahn/Antonucci 1980)" (ebd., § 6). Die Netzwerkforschung ist dabei weder neu noch homogen, sondern gehört zu einem bereits früh in der Sozialforschung eingesetzten und vielseitigen Elizitierungstool.

> „So hat Wolfgang Kraus (2000) für die Untersuchung von Identitätskonstruktionen Netzwerkkarten eingesetzt, um Befragte aufzufordern, ihre sozialen Bezüge zu erläu-

tern und zu visualisieren. Birgit Böhm (2006) nutzte Legofiguren, damit Interviewte zur Darstellung von interdisziplinärer Gruppenarbeit Projektskulpturen aufstellen und dies mit Blick auf Kooperationen kommentieren konnten. Auch Stadtkarten kommen zur Exploration von Lebenswelten zum Einsatz (schon früh Muchow und Muchow 2012 [1935]; s. auch Mey 2015)." (Mey/Mruck 2020, S. 328)

An Netzwerkkarten kann man gut aufzeigen, dass die Vignette mit unterschiedlichen anderen Elizitierungsverfahren verbunden werden kann. Werner/Stiehler/Nestmann (2006) haben sogenannte „Bewältigungsvignetten" konzipiert, die zur Erforschung von Netzwerkbildung in Krisensituationen herangezogen werden. Dabei wurden zur Erforschung von Bewältigungsmöglichkeiten von Kindern Vignetten in den Interviews eingesetzt. Kindergerechte Situationsbeschreibungen waren ein Interviewstartpunkt, um die Netzwerke der Kinder zu erforschen. Das klang dann etwa so: „Martin möchte seinem besten Freund Lukas zum Geburtstag unbedingt das Meerschweinchen für 10 Euro schenken. Der Geburtstag ist morgen und Melanie hat nur 9 Euro. Sie [...]" (ebd., S. 423).

Visuelle Elizitierungstools

Eine weitere Familie von Elizitierungsverfahren, die ich an dieser Stelle erwähnen möchte, basiert auf visuellen Materialien, allen voran Fotografien. Auch wenn diese ebenfalls bereits zum klassischen Repertoire empirischer Sozialforschung (etwa Hopf 2012; Merton/Fiske/Kendall 1956) gehören, hat ihr Einsatz durch das Erstarken der visuellen Soziologie und einer allgemein wachsenden visuellen Vergesellschaftung (u. a. Miko 2013) zugenommen.

In der qualitativen Forschung kann man neben bereits bestehendem Fotomaterial auch eigens hergestellte Fotos für die Analyse verwenden. Gemeinhin werden hier zwei Möglichkeiten unterschieden: Man kann als Forschende selbst im interessierenden Feld Fotos produzieren, indem man diese etwa im Rahmen einer (teilnehmenden) Beobachtung selbst anfertigt. Eine weitere Möglichkeit ist die Fotobefragung (Kolb 2008; Mayrhofer/Schachner 2013), die ich hier als Elizitierungsmethode herausgreifen möchte. Diese Methode wird häufig in partizipativen Forschungsprojekten angewandt, weshalb sie auch im Kontext des hier präsentierten Vignettenverständnisses, etwa im Rahmen von transformatorischen Prozessen, interessant ist. Hierbei versucht man im wortwörtlichen Sinne, die Blickwinkel der Forschungssubjekte einzufangen. Kolb (2008) fasst diesen Aspekt so zusammen: „the perspective of the outside research team moves to the background as participants use cameras to capture their ideas and determine relevant issues from their perspectives" (ebd., § 10). Üblicherweise werden die befragten Personen gebeten, selbst Fotos zu einer bestimmten Forschungsfrage (ihre Lebenswelt betreffend) aufzunehmen und diese zum Interview mitzunehmen. Die selbst gemachten Fotos der Forschungspartner*innen werden später in Interviews gemeinsam besprochen.

Die Fotos sind in diesem Sinne ein Elizitierungstool für Interviewsettings, d. h. sie werden als Anstoß für das Forschungsgespräch verwendet. Die Fotobefragung gilt als partizipative Forschungsstrategie, da sie die Einbindung des Forschungsfeldes in die Datenproduktion und Analyse forciert.

> „Participants' tacit knowledge [...] about an issue emerges as they go through a process of visualising the issue and producing images. Photo respondents often find this phase empowering as they make their perspectives explicit in their photos as they engage in a very personal way in the research question, and think about how it matters in their lives and communities" (ebd., § 11).

Auch hier zeichnet sich eine mögliche Verbindung zum Forschen mit Vignetten ab: Nicht nur, dass Fotos, wie bereits beschrieben, in reflexiven und partizipativen Projekten zur Verwendung kommen. Auch die Situationsbeschreibung ist in einer visuellen Form denkbar. Visuelle Vignetten können also sowohl Bilder als auch Kurzfilme sein; einfache Visualisierungen von Vignetten für Kinder haben zum Beispiel Werner/Stiehler/Nestmann (2006) vorgenommen. Ihr Vorteil liegt darin, dass neben speziellen Merkmalen, die die Situationsbeschreibung empirisch begründen und in der Datenproduktion anschlussfähig machen, auch visuelle Aspekte in die Vignette eingebunden werden.

Methodisch gibt es zahlreiche Anknüpfungspunkte an die visuelle und aus meiner Sicht vor allem filmbasierte – zumeist ethnografische – Sozialforschung (für die Organisationsforschung etwa Buchanan/Bryman 2007; Hassard/Burns/Hyde 2018; Kaczmarek 2008; Mengis/Nicolini/Gorli 2018; Miko-Schefzig/Learmonth/McMurray 2020; Slutskaya/Game/Simpson 2018; Toraldo/Islam/Mangia 2018; Wood/Brown 2011). Ein möglicher Anknüpfungspunkt ist hier die Debatte um die analysebasierte Herstellung von Film- bzw. Videomaterial in der ethnografischen Forschung (Kurt 2010; Miko 2013; Miko-Schefzig/Learmonth/McMurray 2020; Mohn 2013). Ethnografische Filme – es wird auch von soziologischen (Kaczmarek 2008) oder sozialwissenschaftlichen Filmen (Miko-Schefzig/Learmonth/McMurray 2020) gesprochen – sind Filme, die auf Basis von empirischer Datenproduktion entstehen (für die Filmproduktion auf Basis von Typisierung siehe Miko-Schefzig/Learmonth/McMurray 2020). Sie werden oft dafür eingesetzt, Ausschnitte von Wirklichkeit fassbar zu machen, die jenseits sprachlicher Ordnungen zu erheben sind: „in which organizational space becomes available for analysis in video research" (Mengis/Nicolini/Gorli 2018, S. 19).

Slutskaya/Game/Simpson (2018) betonen, dass ethnografische Filme die Weiterentwicklung und Verbreitung ihrer Organisationsforschung unterstützen: „without a collaboratively edited film output, the options for further exploring and refining the data, communicating and disseminating findings, and achieving wider practical impacts may be reduced" (ebd., S. 20). Zentral für mich ist hier, dass mit datenbasierten Ergebnissen forschend weitergearbeitet wird.

Das heißt in diesem Kontext, dass datenbasierte Filme als visualisierte Vignetten in Interviewsituationen eingesetzt werden können.

Der situative Fokus als Unterscheidungsmerkmal zu anderen Elizitierungstools

Was nun die Vignette von den hier skizzierten neueren Elizitierungstools unterscheidet, ist nicht die Multimodalität und das Aufbrechen gängiger Interviewstrukturen (dies eint diese Methoden), sondern dass die *Situation* den zentralen empirischen Fokus darstellt. Es kann dabei aber nicht pauschal gesagt werden, dass die oben genannten Elizitierungstools nicht für situative Fragestellungen genutzt werden können (im Gegenteil, ich habe ja auf die Verbindung hingewiesen). Der Unterschied liegt darin, dass die Arbeit mit Vignetten hauptsächlich in der Situationsforschung sinnvoll ist und die Möglichkeit bietet, (i) situative Fragestellungen zu bearbeiten und (ii) gleichzeitig Situationen mit empirischen Mitteln herzustellen, um die Dynamiken dieser Situationen im Vollzug der Methode beobachten und analysieren zu können.

Für die Sozialwissenschaften bedeutet aber gerade auch dieser Anschluss an das Konzept der Situation die Möglichkeit einer erkenntnistheoretischen und methodologischen Einordnung des Forschens mit Vignetten (siehe dazu Miko-Schefzig 2019). Vignetten sind in diesem Sinne nicht nur ein weiteres Mittel der Erzählgenerierung, sondern auch die Besinnung auf eines der ältesten sozialwissenschaftlichen Konzepte: jenes der Situation. Die Fokussierung der interpretativen und qualitativen Forschung auf die Situation erlebt in jüngerer Zeit eine Wiederbelebung (vgl. Ziemann 2013). Unterschiedliche Ursachen werden dafür angegeben, zwei sollen an dieser Stelle erwähnt werden.

Zum einen kam es zu einem Erstarken der Praxistheorie (vgl. Hillebrandt 2014; Latour 1996, 2007; Reckwitz 2000, 2008; Schäfer 2015, 2016), die durch die Hereinnahme der Dinge und Körper als Akteur*innen in Situationen den Fokus vom reinen (intentionalen) Handeln der Handlungstheorie hin zur Praxis einer Situation lenkte und soziologische Theoriebildung ausgehend von Situationen betrieb (zusammenfassend etwa Hillebrandt 2014). Für die Organisationsforschung etwa beschreiben Carlile et al. (2013), dass Organisationsmitglieder eher durch den Gebrauch der Dinge und weniger durch reine Interpretationsvorgänge organisational lernen.

> „[W]hat an organization learns is not the mere result of information processing or interpreting but of organizational members learning to do certain things through the use of objects, the training and use of body, and engagement in certain practices." (ebd., S. 2)

Zum anderen sehe ich auch in der breiteren Datenproduktions- und Auswertungspalette, die in den letzten zwanzig Jahren zu beobachten ist, einen Grund für die

Hinwendung zur Situation. Die deutliche theoretische und methodische Verfeinerung der qualitativen Forschung (für visuelle Materialien siehe etwa Breckner 2012; Knoblauch et al. 2008; Miko-Schefzig/Learmonth/McMurray 2020; Raab 2008; Schnettler/Pötzsch 2007) brachte die textliche Interviewtranskription und somit das Interview als Königsmethode in Konkurrenz zu anderen Datenformen[7] (vgl. u. a. Breuer et al. 2014; Schäfer 2016). Die multimodale Ausleuchtung des Sozialen (visuelle Materialien, Artefakte u. v. m) zeigte die Vielfalt situativer Aspekte, die analytisch fokussiert werden müssen. Dies ist vor allem auch in jenen Methodenschulen zu sehen, die sich in der interpretativen Theorie verorten und ihre Wurzeln im amerikanischen Pragmatismus bzw. der Chicagoer Schule haben. Diese Verortung ist auch eine wesentliche Grundlage der Vignettenforschung.

Die Studien der Chicagoer Schule standen an der Schnittstelle zwischen Stadt- und Kriminalsoziologie. Die Methodenvielfalt der frühen Vertreter*innen dieses Ansatzes ergab sich nicht nur als Antithese zum erstarkenden Positivismus, sondern auch aus dem Gegenstand selbst. Zu den Gangs der unterschiedlichen Chicagoer Viertel Zugang zu erlangen, verlangte von den Wissenschaftler*innen unkonventionelle methodische Wege (zu dem Forschungs- und Methodenverständnis der Chicagoer Soziologie siehe etwa Becker/Keller 2016). Auch bereiteten Einwanderung und das Zusammentreffen unterschiedlicher ethnischer Gruppen überhaupt erst den Boden, auf dem die Forschungsfragen entstanden. Auch wenn die historische Unterschiedlichkeit auf der Hand liegt, so setzten meine Forschungen zu Konflikten im öffentlichen Raum in von Diversität geprägten Gesellschaften an ähnlichen Prämissen (und aktuellen stadtsoziologischen Analysen) an: Wachstum der Stadt, Migration, Verdichtung des Raumes, Zusammentreffen unterschiedlicher ethnischer Gruppierungen sowie Konflikte, die in räumlich-urbanen Kontexten ausgetragen werden (vgl. Bukow/Yildiz 2002; Cucca/Ranci 2017; Häußermann/Siebel 2004; Lamnek/Vogl 2017). Die Idee, Vignetten von konflikthaften Situationen in Fokusgruppen mit Vertreter*innen eben jener heterogenen Personengruppen, die im Konflikt miteinander stehen, einzusetzen, entstand vor diesem Hintergrund.

Die Theoretisierung von Situation durch William I. Thomas und Dorothy S. Thomas (Thomas/Thomas 1970 [1928]) stellt einen Bruch mit Situationskonzeptionen dar, die situative Dynamiken mit individuellen, meist psychologischen Faktoren erklären. Die ökologische Perspektive auf Situation der Chicagoer Schule (rund um Robert E. Park, Ernest W. Burgess und Roderick D. McKenzie [Park 1915; Park/Burgess 1967; McKenzie 1923]) sowie der meist unterrepräsen-

7 Reichertz merkt dabei richtigerweise an, dass man hier – neben anderen Aspekten – auch immer die technischen Möglichkeiten für die „Medien der Aufzeichnung" mitbeachten solle. Die Priorisierung des Interviews ist nicht ohne die „Erfindung von ‚bezahlbaren' Kassettenrekordern" zu verstehen (Breuer et al. 2014, S. 262). Ich habe den Einfluss leistbarer und ubiquitär verfügbarer Kameras (etwa in Handys) auf das Forschen mit Filmen beschrieben (Miko-Schefzig/Learmonth/McMurray 2020).

tierten Frauen des Hull House, etwa Jane Addams (siehe dazu Deegan 1988 sowie Offenberger 2019), bildeten den Grundstein des heutigen interpretativen Situationsverständnisses.

> „Dabei wird die Situation zum Forschungsprogramm erhoben, und zwar als ein Perspektiv für kollektive Verhaltensweisen – ein Verfahren, das nicht bei der existenziellen Situation eines Einzelnen oder der internalistischen Betrachtung von Motivationen ansetzt. Vielmehr geht Thomas von Gruppierungen aus, die ihrer urbanen Umwelt als einem komplexen Geflecht unterschiedlicher Machtfaktoren ausgesetzt sind." (Echterhölter 2013, S. 21)

Dabei ist der Kontext des berühmten Zitates von Thomas („If men define situations as real, they are real in their consequences") eigentlich spannender als das Zitat selbst und wurde für mich zu einer Inspiration für die Konstruktion von Vignetten. Soziologiehistorisch ist es nämlich interessant, in welche Textpassage das berühmte Thomas-Theorem eingebettet ist. Die Studie von Thomas handelt von der Kindheit im Amerika der 1920er Jahre. Dabei fokussierte er vor allem auf delinquente Kinder in Chicago, einer Stadt, die von Migration geprägt war und wo Ausbildung und Arbeit gerade für die Einwandererfamilien schwer zugänglich blieben. Sein Anliegen war es zu zeigen, dass es nicht die Jugendlichen waren, die per se soziale bzw. psychiatrische Auffälligkeiten zeigten, sondern dass es die soziale Situation ist, die in die psychiatrische Einschätzung der Delinquent*innen einbezogen werden muss. Thomas schrieb zu dieser Zeit auch noch eher ein psychologisches Buch, der soziologische Teil ist im Gesamtwerk gering. Die so berühmt gewordene Stelle leitet er durch die Nacherzählung eines Mordes ein, um danach zu betonen, wie wichtig die Gesamtbetrachtung der sozialen Situation sei.

> „He had killed several persons who had the unfortunate habit of talking to themselves on the street. From the movement of their lips he imagined that they were calling him vile names, and he behaved as if this were true. *If men define situations as real, they are real in their consequences.* The total situation will always contain more and less subjective factors, and the behavior reaction can be studied only in connection with the whole *context*, i. e. the situation as it exists in verifiable, objective terms, and as it has seemed to exist in terms of the interested persons. […] In the field of psychiatry the *context* becomes particularly significant, and it is desirable to have here a multiplication of records showing how situations are appreciated and motivate behavior, but the records should be made not without regard to the *factual elements* in the situation." (Thomas/Thomas 1970 [1928], S. 571 f., Hervorhebung durch die Autorin)

Eben jene „factual elements" werden für mich bei der Konstruktion der Vignetten relevant. Diesem Thema ist das nächste Kapitel gewidmet.

3 Was ist eine Vignette und wie konstruiere ich sie?

Die Vignettenbefragung zählt zu den besonders komplexen und bislang noch weniger verbreiteten qualitativen sozialwissenschaftlichen Methoden. Sie wurde international lange Zeit vor allem in quantitativen Forschungsdesigns eingesetzt (Steiner/Atzmüller 2006; Steiner/Atzmüller/Su 2016) und ist dort auch differenziert ausformuliert (Rost/Arnold 2017). Interessanterweise werden in beide Paradigmen Vignetten eingesetzt, um kontextuelle Dichte (in der Sprache der quantitativen Forschung: multifaktorielle Situationen) in die Datenproduktion einzubringen. Der Anspruch einer solchen kontextuellen Dichte ist nicht neu. Schon 1955 schreibt Friedrich Pollock über den Einsatz von Stimuli in Gruppendiskussionen, dass diese „konkret genug sein [müssen], um spezifische Reaktionen hervorzurufen, und eine stimulierende Wirkung auf Angehörige der verschiedenen Berufs- und Bildungsgruppen ausüben" (ebd., S. 42). Das Besondere an der Vignettenmethode ist, dass die Befragten nicht mit einzelnen Fragen konfrontiert werden, sondern mit Beschreibungen konkreter Situationen, Objekte und Personen.

Die Vignette in der qualitativen Forschung: Datenproduktion, Auswertung und Ergebnisdarstellung

In der qualitativen Forschung wurde die Vignette wiederholt in verschiedenen Gegenstandsbereichen angewandt, etwa in medizinsoziologischen (Hughes/Huby 2002) und sozialpsychologischen Settings (Alden et al. 2015). Allerdings war dieser Einsatz rar und die Erstellung der Vignetten, d. h. der konkreten Szenarien/Kurzgeschichten, oftmals nicht systematisiert und damit mangelhaft intersubjektiv nachvollziehbar (vgl. etwa Jenkins et al. 2010). Der Einsatz von Vignetten in der qualitativen Forschung ist außerdem breiter als im quantitativen Paradigma. Sie werden nicht nur in der *Datenproduktion*, sondern auch als Tool in der *Auswertung* und schlussendlich ebenso als Möglichkeit der *Ergebnisdarstellung* verwendet. Die üblichste Form bleibt die des Elizitierungsverfahrens in diversen Interviewsituationen (*Datenproduktion*). Vignetten sind also vielfältig einsetzbar und ein bereicherndes Tool qualitativer und interpretativer Ansätze. In diesem Buch liegt der Fokus auf der Datenproduktion mit Vignetten.

In der *Auswertung* kommt die Vignette einerseits als Tool kommunikativer Validierung (Flick 2020), andererseits als reflexives Moment für die Forschungssituation bzw. zur Analyse des „Gesprächsrahmens" (Froschauer/Lueger 2020) zum Einsatz. Die typisierten Situationen, die aus vorangegangenen Analysen entstanden sind, werden Personen aus dem Feld vorgelegt, um Rückmeldungen dazu einzuholen, ob die Situationen die Lebenswelt ausreichend „dicht“ (Geertz 1983) wiedergeben. Dabei sind Dichte und Multiperspektivität nicht mit dem Anspruch der Nacherzählung der *einen* wahren Situation zu verwechseln. Flick (2020) sieht gerade in einer solchen Vereinfachung eine methodische Gefahr in der kommunikativen Validierung.

> „Ein Problem bei diesem Ansatz ist die (zumindest implizite) Annahme einer ‚richtigen‘ bzw. ‚gültigen‘ Version der Erzählung, wodurch sich die Validitätsfrage auf die Bestimmung der Abweichungen von dieser Version bzw. auf die Identifizierung von Hinweisen auf potenzielle Abweichungen (‚Verzerrungen‘) reduzieren lässt.“ (ebd., S. 251)

Gleichzeitig kann diese validierte Vignette im Laufe eines iterativen Forschungsprozesses als typisiertes Elizitierungselement selbst wieder in der Datenproduktion eingesetzt werden, etwa in einer vignettenbasierten Fokusgruppe (Miko-Schefzig 2019).

Vignetten sind aber vermehrt auch in der *Ergebnisdarstellung* beliebt. Die Vignette in der Ergebnisdarstellung ist vornehmlich in zwei Varianten beobachtbar: Die erste Variante sind autoethnografische Reflexionen der Forschung (Langer 2016; Learmonth/Humphreys 2016), die in der Ergebnisdarstellung transparent aufzeigen, welche Prozesse aufseiten der Forschenden, der Erforschten und vor allem zwischen ihnen stattgefunden haben. Dies ist nicht nur gewinnbringend hinsichtlich einer allgemeinen Reflexivität in den qualitativen und interpretativen Methoden, sondern ist auch als Tool der Qualitätssicherung anzusehen. Die detaillierten Beschreibungen in Form von Vignetten geben einen Einblick in den Forschungsalltag, auf dessen Basis man die Ergebnisse besser einordnen kann: „Validierung erfolgt über eine Analyse der Interviewsituation auf Auffälligkeiten und Verzerrungen und auf das Vorliegen eines Arbeitsbündnisses und einer nicht-strategischen Kommunikation“ (Flick 2020, S. 251; siehe auch Langer 2013, 2016). Ergebnisse sind dann kein fertiges Produkt, das aus der Blackbox-Analyse den Lesenden entgegentritt, sondern in ihrer Herstellung explizit und somit auch kontextuell besser einzuschätzen. Vignetten machen die Analyse greifbarer und veranschaulichen die Situationen des Feldes. Die Typisierung von Vignetten, wie ich sie etwa in meiner Studie zu problematisierten Situationen in öffentlichen Räumen verwendet habe (Miko-Schefzig 2019), hilft dabei, den Analyseprozess bzw. die Analyseergebnisse prägnanter darstellen zu können. Eine andere Möglichkeit des Einsatzes von Vignetten liegt in der Qualitätssicherung vorangegangener Datenproduktion, auf deren Basis die Vignetten überhaupt konstruiert werden (Miko-Schefzig 2019). In diesem Fall werden Vignetten, also typische Situationen eines beforschten Feldes, konstruiert und mit ausgewählten Personen ob ihrer Anschlussfähigkeit an deren Lebenswelt diskutiert. Dieser Einsatz von Vignetten wird in die Debatte um die kommunikative Validierung (Flick 2020) qualitativer Ergebnisse eingeordnet.

Eine zweite Nutzung von Vignetten in der Ergebnisdarstellung betrifft die Präsentation typischer Fälle (Miko-Schefzig 2019; Wodak 2015). Die Vignetten dienen hier als Veranschaulichung, jedoch sind die beschriebenen Situationen nicht reale (wie etwa bei einem Zitat), sondern typisierte. Dabei wird auch expliziert, in welcher Weise bzw. nach welchen Kriterien die Situation konstruiert wurde. Wodak (2015) oder Learmonth/Humphreys (2016) verwenden Vignetten, um ihre Forschungsergebnisse anschaulich und kontextuell in Situationen darzustellen. Ruth Wodak etwa, um die narrativen Strukturen rechtspopulistischer Parteien zur Diffamierung marginalisierter Gruppen aufzuzeigen.

3.1 Die Konstruktion von Vignetten: Vorschlag einer Methodenabfolge für situative Fragestellungen

Was eine Vignette ausmacht bzw. wie sie konstruiert werden soll, ist Gegenstand neuerer Debatten um den Einsatz von Vignetten in qualitativen Projekten (für eine ausführliche Darstellung der Debatte siehe Miko-Schefzig 2019). Dabei gibt es zwar weitgehende Einigkeit, dass die Szenarien anschlussfähig an die Lebenswelt der befragten Personen sein sollten, wie diese Anschlussfähigkeit jedoch konkret hergestellt wird, d. h. welche Elemente der Situation in die Vignette einfließen müssen, wird sehr unterschiedlich angegangen. Dabei zeigt sich in der Debatte ein Kontinuum, das von Situationsbeschreibungen mit Inhaltsbezug (Rizvi 2019) bis zu (auf Basis vorangegangener Datenproduktion) eng konstruierten, typisierten Vignetten (Miko-Schefzig 2019) reicht. Eine andere Unterteilung ist die in fiktive oder reale Vignetten. So meinen etwa Werner/Stiehler/Nestmann (2006), dass in der Befragung „eine hypothetische Situation [...] als Stimulus" (ebd., S. 418) geboten werde. Einigkeit gibt es hingegen darüber, dass Vignetten die Möglichkeit bieten, soziale Komplexität in die Datenproduktion einzubringen und somit Gesprächsverläufe wesentlich stärker zu kontextualisieren als dies Einstiegfragen oder Leitfaden leisten können (Miko-Schefzig/Reiter 2018; Rizvi 2019). Man kann also von einem kontextualisierten sozialwissenschaftlichen Elizitierungstool sprechen.

Konkret handelt es sich bei den Vignetten um kurze Darstellungen von „stimulierenden Ausgangssituationen", die die Personen in Interviewsituationen dazu anregen sollen, die Situationen zu beurteilen oder „weiterführende Handlungsmöglichkeiten" anzudenken (Stiehler/Fritsche/Reutlinger 2012). Um Vignetten zu konstruieren, die die obigen Kriterien erfüllen, reicht es nicht aus, Erzählungen aus dem Interviewmaterial zu übernehmen. Die Situationen bedürfen einer systematischen Typisierung, um nicht zufällig und damit wenig aussagekräftig zu sein. In der Analyse des Interviewmaterials konnte rekonstruiert werden, welche Personen wie relevant für die jeweilige Örtlichkeit sind; welche Funktionen sie erfüllen; welche Interaktionen typischerweise vorkommen; welche Prozesse ablaufen, aber auch, wo sich Konfliktfelder und Problemlagen finden. Wir identifizierten die relevanten Versatzstücke der spezifischen örtlichen Wirklichkeit und lernten, die Konstruktionsprinzipien dieser Wirklichkeit zu verstehen. Dieses Wissen befähigt, Situationen zu konstruieren, die für die Teilnehmenden anschlussfähig sind. Es ist an dieser Stelle wichtig, noch einmal zu betonen, dass der Forschungsfokus in der Vignettenmethode auf Situationen und nicht auf einzelnen Personen bzw. einzelnen Erzählungen liegt. Soziale Situationen entstehen in sozialen Interaktionen, weshalb auch in den Vignetten dieser interaktionistische Charakter sichtbar werden muss.

Trotzdem wurde der Prozess der Konstruktion in Projekten, die mit Vignettenszenarien arbeiten, bisher auffällig ausgespart (vgl. Kandemir/Budd 2018). Mein Anliegen war es daher, diese existierende Schwachstelle – die fehlende Systematik der Szenarien – empirisch zu adressieren (Miko/Mayr/Stadler-Vida 2013). Während die quantitative Forschung einzelne Faktoren in den Szenarien (Alter, Geschlecht etc.) systematisch verteilen konnte, wirkten die qualitativen Szenarien zum Teil wie zufällige bzw. erratische Geschichten. Ich verstehe die Etablierung einer Systematik hier auch als zentrale Weiterentwicklung in Hinblick auf die Gütekriterien (vgl. Froschauer/Lueger 2020) in der Erstellung der Vignetten. In meinen Studien zur Sicherheitsforschung habe ich deshalb ein dreistufiges Verfahren erarbeitet:

1. Zunächst wird ein Gegenstandsbereich bzw. eine konkrete Situation in einem Gegenstandsbereich untersucht, etwa verunsichernde Situationen im öffentlichen Raum. Da das Anliegen darin bestand, besonders typische Situationen eines Ortes zu generieren, war ein multiperspektivischer Ansatz bei der Datenproduktion an öffentlichen Orten eine Grundvoraussetzung.
   „Die Einbindung verschiedener Datenquellen sichert die Erfassung unterschiedlicher Perspektiven (Multiperspektivität), diese wiederum dienen der Kontextualisierung des Untersuchungsfalles (Kontextbezug)“ (Pflüger 2012, S. 164).
   Dieser Aspekt ist nur erreichbar, wenn es bereits empirisches Wissen zu einer Situation gibt, weil die Vignette sonst zu einseitig konstruiert wird und dies beim Einsatz in Interviewsettings zu Problemen führen kann. Das bedeutet aber auch, dass die Vignette, so wie ich sie verstehe, nicht am Anfang eines Forschungsprozesses eingesetzt werden kann.
2. Die Analyse dieser Untersuchung führt zu typisierten Situationen, den Situationsvignetten, die unterschiedlich eingesetzt werden können, etwa in Einzel- oder Gruppeninterviews. Die Typisierung dieser Situationsbeschreibungen basiert auf typischen Elementen (etwa typische Gruppen, typische Arte-

fakte, typische Interaktionen), die jedenfalls in der Vignette enthalten sein müssen, um eine Systematik in der Konstruktion sicherzustellen. Vignetten werden dabei datenbasiert und typisiert konstruiert. Auf Basis vorangegangener Datenproduktion werden typische Situationen etwa an einem konkreten Ort konstruiert, was die Anschlussfähigkeit an die Lebenswelt der Interviewten erhöht.

3. Der Einsatz in einem Interviewsetting ist dann der dritte Schritt einer solchen Konzeptualisierung. Dabei können die Vignetten sowohl im Einzel- als auch im Gruppensetting genutzt werden. Ich selbst habe an diesem Punkt vignettenbasierte Fokusgruppen entwickelt, eine Gruppensituation, in der typisierte Situationen in einer Fokusgruppe zum Einsatz gebracht werden und anhand von Fragen in der Gruppe besprochen bzw. weitererzählt werden. Der neue Aspekt dieser Vorgehensweise ist jedoch weniger, dass die Vignette in der Gruppe diskutiert wird, sondern wie diese zusammengesetzt ist. Mein Anliegen ist es nämlich, dass sich die typisierten Personengruppen, die in der beschriebenen Situation in der Vignette vorkommen, in der Zusammensetzung der Teilnehmer*innen widerspiegeln. Wenn etwa eine typisierte Situation am Wiener Schwedenplatz besprochen wird, in der Jugendliche eine zentrale Rolle spielen, wird versucht, diese auch in die Fokusgruppe einzubinden. Ein Aspekt, auf den ich noch im Kapitel 5.2 eingehen werde.

In einem ersten Schritt wurden die Vignetten also auf der Basis der Analyse von qualitativen Interviews, teilnehmenden Beobachtungen sowie ethnografischen Gesprächen aus einer Forschung über einen Gegenstand, etwa Polizeiarbeit im öffentlichen Raum, konstruiert. Der Prozess der Erstellung dieser Situationen/Szenarien (Vignetten) wurde ergänzt durch ihre Validierung (Flick 2020), d. h. wir zeigten die fertigen Vignetten unterschiedlichen Personen, bei denen wir zuvor andere Datenmaterialien, etwa Interviews, erhoben hatten. Dabei fragten wir sie, ob diese Situation für sie bekannt bzw., im Falle der Professionist*innen, im Berufsalltag relevant seien. Ein weiterer Faktor, weshalb die Teilnehmer*innen der Fokusgruppe die dort besprochenen Vignetten als für sie relevant und somit diskutierbar empfanden, war das aktive Erleben und Erproben der Szenarien in realistisch zusammengesetzten, d. h. in unserem Falle der Platzstruktur nachbesetzten, Fokusgruppen.

Vignetten als Teil einer Methodenabfolge

Ich verstehe die Vignette als Werkzeug zur Datenproduktion, das im Laufe eines Forschungsprozesses zu einem tieferen Verständnis von Funktionsweisen von sozialen Situationen beitragen kann, das aber für seinen Einsatz bereits ein auf Daten basiertes Verständnis eben dieser Situationen benötigt. Die Vignette kommt somit niemals am Anfang eines Forschungsprozesses, sondern in der Abfolge verschiedener Methoden, bzw. konkreter: nach der Analyse von davor mit anderen Methoden erhobenen Daten, zum Einsatz. In diesem Sinne kann man von einer Methodenfolge oder von prozessualen Vignetten sprechen.

Ich veranschauliche das an einem Beispiel: Wenn ich nun von der Erforschung von Haftsituationen in Polizeianhaltezentren oder von verunsichernden Situationen im öffentlichen Raum spreche und davon, dass ich im Rahmen meines methodischen Designs Vignetten einsetze, meine ich damit nicht ausschließlich das Erfassen unterschiedlicher Sichtweisen auf die jeweilige Situation in diversen Interviewsettings, sondern ein methodisches Vorgehen, das ich „Methodenabfolge" nennen möchte. Zunächst wird ein Gegenstandsbereich bzw. eine konkrete Situation in einem Gegenstandsbereich untersucht. Das datenbasierte Verstehen eines Feldes, und in meinem Falle der Situationen vor Ort, ist die Basis, auf der dann später Vignetten konstruiert werden können. In Abbildung 1 sieht man, was dies konkret in meiner Forschung zum öffentlichen Raum bedeutet hat. Es war bereits eine Menge an Daten erhoben und analysiert worden, bevor ich auf deren Basis Vignetten konstruieren konnte.

Abb. 1: Konkrete Datenproduktion im öffentlichen Raum im Rahmen der Methodenabfolge

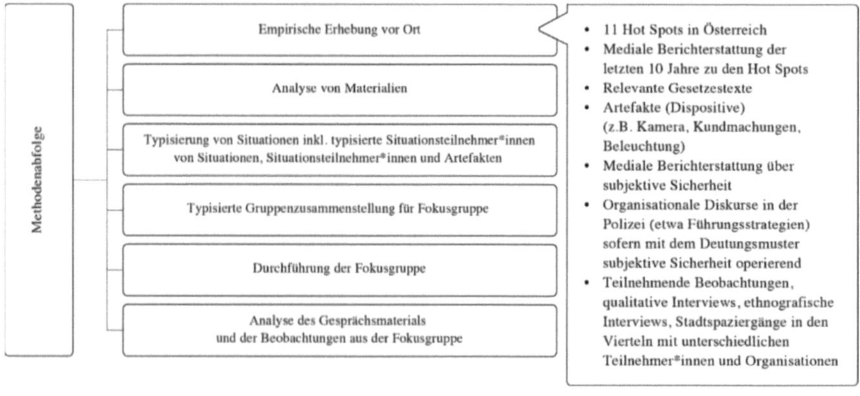

An dieser Stelle wird klar, warum ich die Vignettenmethode nicht ausschließlich als Elizitierungsverfahren betrachte, d. h. als einen ersten Impuls, um Narrationen zu generieren, sondern als komplexe Methodenabfolge, die soziale Situationen multimodal erfasst und gleichzeitig auch Anschlussoptionen zur Evaluierung von Gütekriterien im empirischen Forschungsprozess ermöglicht. Multimodal meint in diesem Zusammenhang (i) die unterschiedlichen Datenmaterialien, die in die Konstruktion der Vignette einbezogen werden (Artefakte, Interviews u. Ä.), (ii) die unterschiedlichen Konstruktionselemente in der Vignette selbst (Interaktionen, soziale Gruppen, Artefakte, Diskurselemente u. Ä.) und (iii) die unterschiedlichen Möglichkeiten, die Vignette einzusetzen (in Fokusgruppen als Gesprächsbasis, als Beschreibung einer Situation, die nachgespielt werden kann u. Ä.; siehe dazu auch Kapitel 4.3). Wenn die Vignetten in den Interviewsettings als befremdlich oder für die soziale Welt der Befragten als irrelevant wahrgenommen werden, kann dies durchaus als Hinweis dafür aufgefasst werden, dass noch keine theoretische Sättigung hinsichtlich der Situationsbeschreibung eingetreten ist.

Beispiel: Geflüchtete vor deren Deportation

Wir haben in einem Forschungsprojekt zu Polizeianhaltezentren in Österreich (Miko-Schefzig/Reiter/Sardadvar 2018) den Einsatz von Vignetten in Haftsituationen getestet. Das Projekt „Modernes Management im Polizeianhaltewesen: Safe & Healthy Prisons" (MOMA) untersuchte das wenig beforschte Feld des Polizeianhaltewesens – einer Haftform, die in Österreich Verwaltungs-, Verwahrungs- sowie Schubhaft abwickelt. Das Projekt fokussiert auf die gesundheitliche und soziale Situation von Häftlingen und Beschäftigten in Polizeianhaltezentren (PAZ), besonders werden Grundrechte und Unversehrtheit der Häftlinge („Healthy Prisons" WHO) berücksichtigt. In PAZ sind u. a. Asylwerber*innen mit negativem Asylbescheid vor der Abschiebung untergebracht. Ein Teil der empirischen Arbeit wurde der Methodenweiterentwicklung der vignettenbasierten Fokusgruppe (Miko et al. 2010; Miko 2013; Miko-Schefzig/Reiter 2018) gewidmet. In den Fokusgruppen diskutieren heterogene Gruppen unter Einsatz einer Vignette, d. h. einer empirisch generierten Situationsbeschreibung, konkrete (problematische) Situationen.

3.2 Die Fallbeispiele öffentlicher Raum und Schubhaft: Die Typisierung von Merkmalen einer Situation

Typenbildung bzw. der Prozess der Typisierung geht in den Sozialwissenschaften meist auf Max Webers (1904, 1921) Konzept der Idealtypen zurück. Wenn ich also von Typiken von (problematisierten) Situationen bzw. von typisierten Elementen spreche, dann beziehe ich mich ebenfalls auf diese Tradition. Dass die tatsächliche empirische Arbeit mit dem Konzept nach wie vor der konzeptuellen Betrachtung bedarf, zeigt der von Nicole Burzan und Ronald Hitzler (2018) herausgegebene Sammelband „Typologische Konstruktionen". Eisewicht (2018) fasst die Vielfalt sowie die Notwendigkeit der Debatte um Typisierungen sehr pointiert zusammen, wenn er sich wundert, „dass die methodische Diskussion um Möglichkeiten und Grenzen, aber auch der [...] Varianten der Typenbildung wenig rege ist bzw. entweder Allgemeinheitsanspruch erhebt oder auf einzelne Verfahren isoliert bleibt" (ebd., S. 15). Mit Varianten meint er hier nicht nur Max Webers Idealtypen, sondern etwa auch den Merkmalsraum von Paul F. Lazarsfeld, Anleihen in der Grounded Theory, der ethnografischen Semantik und der wissenssoziologischen Hermeneutik.

Auch die „factual elements" (Thomas/Thomas 1970 [1928]) weisen meines Erachtens in eine ähnliche Richtung. Thomas/Thomas sprechen zwar nicht von Typisierung, es ist aber vermutlich kein Zufall, dass die Diskussion zentraler Elemente von Situationen gerade dort ausgeführt wird, wo die Autor*innen den psychologischen Teil des Buches verlassen und den sozialwissenschaftlichen entwickeln. Da es an der konkreten Stelle gerade darum geht, bei der Einschätzung psychiatrischer Fälle nicht nur den psychologischen Anteil in die Bewertung einzubeziehen, sondern auch die wesentlichen Kontextelemente der Gesamtsituation, kann man unterstellen, dass das analytische Ziel darin bestand, typische Kontextelemente im Falle von Psychiatrisierungen herauszudestillieren. Lazarsfeld entwickelte zu einer ähnlichen Zeit das Konzept des Merkmalsraums (Jahoda/Lazarsfeld/Zeisel 1994 [1933]).

> „Typen sind für Lazarsfeld Zusammensetzungen von mehreren Merkmalen [...]. Die Merkmalsdimensionen eines Typus bezeichnen das, was Lazarsfeld Merkmalsraum [...] nennt, und in dem Phänomene entsprechend der jeweiligen Merkmalsausprägungen verortet werden können." (Eisewicht 2018, S. 19)

Auch hier geht es um die Elemente, die einen Typus ausmachen und die Einordnung der Phänomene möglich machen sollen.

Auch wenn Eisewicht hier die Achse zwischen Allgemeinheitsanspruch und einzelnen Verfahren aufmacht und kritisiert, möchte ich an dieser Stelle die Typisierung nur hinsichtlich der Relevanz für die Erstellung von typisierten Vignetten diskutieren. Basis meines Verständnisses von Typen ist natürlich Webers Konzept der Idealtypen, wobei ich es für wichtig erachte, seinen expliziten Hinweis zu beachten, dass der Idealtyp eine Heuristik sei, die sich zumindest in der Konzeption des „reinen Idealtypus" gerade durch „Weltfremdheit" auszeichne (Weber 1904, S. 64). Dieser Punkt der Weltfremdheit wird gerade dort interessant, wo man reflektiert, *wie* man zu den Typen gelangt, wie also die Typisierung zustande kommt (oder anders, alltagssprachlicher formuliert: Warum sind sie eigentlich weltfremd, wenn man sie auf Basis von Daten erstellt?). Ich spreche deshalb auch von typisierten Vignetten, um den Prozess der Konstruktion zu verdeutlichen. Hier ist Reichertz' (2018) Hinweis aufzugreifen, dass der Prozess der Typisierung „vor dem Hintergrund von Interessen, Fragestellungen, Hoffnungen und Befürchtungen" (ebd., S. 63) und „im Hinblick auf ein interessierendes Phänomen" passiert. Das erscheint mir zentral, da ich die Typisierung meiner Situationen zwar auf multiperspektivisch entstandenen Daten konstruiert habe (in meinem Fall ging es ja um typisierte Situationen vor Ort, nicht unbedingt um typisierte [Einzel-]Handlungen), jedoch sehr konkret vor dem Hintergrund eines Interesses, in meinem Fall etwa an potenziellen Konflikten in einem von Diversität geprägten öffentlichen Raum. Die typische Situation hätte aus einem anderen Blickwinkel durchaus anders ausfallen können. Reichertz spricht davon, dass man am Ende „Wesentliches und Randständiges zu einem Sinn-Ganzen zusammengefügt" und es „fest-gestellt" hat (ebd., S. 63). Diese Fest-Stellung im doppelten Sinne impliziert auch, dass der Prozess noch weitergehen könnte und transportiert dadurch nochmals den Aspekt der Konstruktion.

Was die Bildung von gänzlich neuen oder die Verfeinerung von bereits bekannten Typen betrifft: Jede „beruht […] auf einer gedanklichen Konstruktion" (Reichertz 2018, S. 64). In meinen Studien habe ich bei der „Modellierung" der Typen auf die „kodierende Typologisierung in der Grounded Theory" (Eisewicht 2018) zurückgegriffen und ausgewählte Stellen feinstrukturell analysiert (zur Verbindung von kodierenden Verfahren und hermeneutischer Analyse siehe die Codestrukturanalyse von Froschauer/Lueger 2020). Eisewicht verweist zwar auf die unterschiedliche Terminologie (Theorie und Modell statt Typenbildung), betont aber, dass die Dimensionalisierung, die konstanten Vergleiche (minimale und maximale Kontrastierung) und das fallübergreifende Kategoriensystem Analogien zur Typenbildung aufweisen bzw. für diese genutzt werden können.

Der Prozess der Typisierung: Die „factual elements" einer Situation

Den Konstruktionsprozess möchte ich an einer konkreten Vignette veranschaulichen. Damit Vignetten methodisch sinnvoll eingesetzt werden können, müssen sie zur Lebenswelt der Personen, die sie diskutieren, passen. Sprache und Format müssen authentisch und verständlich sein; die geschilderten Szenarien müssen für das Feld plausibel und bedeutsam sein; Kontext und Details müssen stimmen; insgesamt sollen sich die Personen, die die Vignetten in die Hand bekommen, mit den geschilderten Situationen identifizieren können (Humphreys 2014). Die vorangegangene qualitative Datenproduktion und die Analyse machen es möglich, die Vignetten nach diesen Vorgaben alltagsrelevant zu konstruieren. Eine Typisierung von Situationen ist außerdem dann besonders gut möglich, wenn das Forschungsteam einen hochwertigen und vertrauensvollen Zugang zu dem untersuchten Feld hat (in meinem Falle zur Organisation Polizei bzw. zum polizeilichen Handeln im öffentlichen Raum), da die Konstruktion von (Problem-)Situationen dann auf vertrauensvollen Interviews basiert.

Im Gegensatz zur quantitativen Vignette werden die Faktoren nicht nach statistisch-repräsentativen Kriterien zusammengesetzt, sondern auf Basis theoretischer Kriterien verteilt. Es handelt sich also nicht um eine statistische Repräsentativität der Merkmale einer Vignette, sondern um eine theoretische, die sich aus dem Prozess des Theoretical Sampling (siehe dazu Kapitel 3 in Glaser/Strauss 1967) ergibt. Dabei stellt sich die Frage, wann theoretische Sättigung zu einer Situation (die per se variabel und ergebnisoffen ist) so weit erreicht ist, dass eine Vignette konstruiert werden kann. Da das Anliegen in meinen Studien zum öffentlichen Raum darin bestand, besonders typische Situationen eines Ortes zu generieren, war ein multiperspektivischer Ansatz (Pflüger 2012) bei der Datenproduktion am Platz eine Grundvoraussetzung dafür, theoretische Sättigung zu erreichen. Um es ganz konkret zu machen: Wir führten mit möglichst vielen Akteur*innen vor Ort Gespräche, um typische Situationen generieren zu können. Dabei forschten wir so lange weiter, bis wir den Eindruck hatten, dass wir von keinen neuen Aspekten (etwa Akteur*innen, Konflikte etc.) mehr hörten.

Die Vignette, mit deren Hilfe ich den Konstruktionsprozess nun veranschaulichen möchte, lautete wie folgt:

Vignette Schwedenplatz

„Es ist Freitagabend und Sie gehen über den Morzinplatz Richtung Schwedenplatz zur U-Bahn-Station. Dabei gehen Sie an einer großen Grünfläche vorbei. Leere Bierdosen liegen auf dem Weg. Auf Bänken sehen Sie verschiedene Menschen, die sich unterhalten. Unter ihnen befindet sich auch eine Gruppe Jugendlicher, die gemeinsam Alkohol trinkt und sich laut unterhält. Zwei Polizisten gehen an der Gruppe Jugendlicher vorbei."

Abb. 2: Vignette Schwedenplatz

Zunächst wurden die Daten aus der vorangegangenen Forschungsphase an den Örtlichkeiten analysiert. Hier wurde aufgrund der Fülle des Materials kodierend vorgegangen (vgl. Strauss/Corbin 1996). Ausgewählte Stellen, die sprachliche Auffälligkeiten zeigten, wurden zusätzlich hermeneutisch-feinstrukturell (Froschauer/Lueger 2020) ausgewertet. Auf dieser Basis ergaben sich typische Problemlagen an den Orten. Aus diesen typischen Problemlagen wurden die typischen Merkmale dieser Situationen herauskristallisiert. Diese typischen Merkmale versuchten wir bei der Konstruktion der Vignetten zu beachten und einzubeziehen. Sie waren pro Platz zwar unterschiedlich, trotzdem gab es Merkmale, die auffallend auf allen Plätzen relevant waren, etwa die Tageszeit, zu der eine problematische Situation typischerweise auftrat. Es war nun im Vergleich zu einem quantifizierenden Vorgehen nicht relevant, dass die Merkmale statistisch variiert abgefragt werden, sondern dass sich die Typik einer Problemsituation in der Narration widerspiegelt. Pro untersuchter Örtlichkeit gab es dabei verschiedene inhaltliche Erzählungen, die ausgewählten Merkmale blieben jedoch gleich. Zwischen den Örtlichkeiten gab es aber Unterschiede, was die typischen Merkmale einer Situation betrifft; die problematisierten Situationen konnten gänzlich unterschiedlich sein. Es handelt sich bei der Konstruktion der Vignetten also um eine Konstruktion, die empirische Faktoren in ihrer Erzählung variiert. In Abbildung 3 markiere ich diese unterschiedlichen Faktoren an der jeweiligen Textstelle, um zu zeigen, in welcher Form die Merkmale verarbeitet wurden.

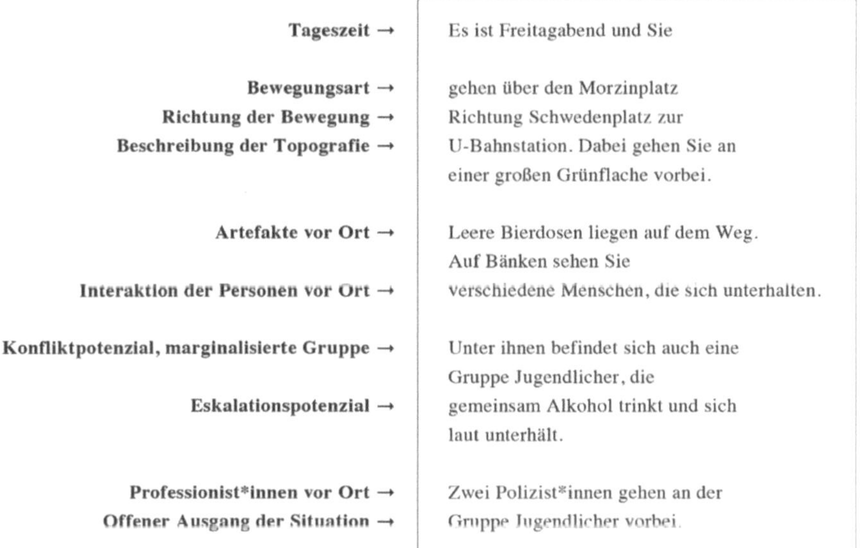

Abb. 3: Typisierte Merkmale leiten die Konstruktion der Vignetten

Wenn ich von Typisierung spreche, dann meine ich die Typisierung von Elementen einer Situation, die, quasi als Gerüst dienend, in jeder Vignette vorhanden sein mussten. Diese typischen Elemente, die aus der Analyse der Daten am Schwedenplatz entstanden, sind auf der linken Seite markiert, etwa Artefakte, Interaktionen oder Eskalationspotenzial. In diesem konkreten Fall fällt auf, dass die Situation wenig verunsichernd wirkt. Es war ein Ergebnis aus der vorangegangenen Datenproduktion, dass die Situationen auf den sogenannten Hotspots weniger strafrechtlich relevant waren, als dass es sich um unterschiedliche Aneignungspraktiken bzw. Irritationen durch eine hohe Diversität im öffentlichen Raum handelte. Die typischen Situationen ergaben, dass es nicht wirklich unsichere Situationen gab, sondern eher verunsichernde, im Sinne einer Irritation gegenüber anderen Aneignungspraktiken bzw. unterschiedlicher Definitionen, was man denn im öffentlichen Raum dürfe oder nicht. Zum einen konnten wir spezifisches Verhalten tatsächlich beobachten. Zum anderen war es Teil der diskursiven Rahmung bzw. der Geschichten, die über den Schwedenplatz kursierten: Es seien doch immer so viele randalierende Jugendliche da, die trinken. Ich möchte diese Elemente, aus denen die Vignetten zusammengesetzt werden, Situations- oder Konstruktionselemente nennen – in Anlehnung an Thomas/Thomas (1970 [1928]) „factual elements".

Die Typisierungen an unseren konkreten Orten bieten auch Anschlussstellen zu raumsoziologischen Debatten und Fragestellungen. Die Elemente des jeweiligen Ortes waren auf Basis der Multiperspektivität entwickelt, d. h., sie sind in Szenarien kondensierte empirische Analyseergebnisse, die auf der Grundlage von Interviews, Beobachtungen, Artefaktanalysen sowie Diskursanalysen von politischen und medialen Beiträgen entwickelt wurden. In ihnen wurden also typisierte, empirisch gefundene Interaktionen mit Artefakten verbunden. Sie sind in diesem Sinne typisierte Deutungen eines Ortes (vgl. Christmann 2016). Dabei ist darauf hinzuweisen, dass diese Typisierungen beobachtete Interaktionen, Personen und Artefakte gleichermaßen beinhalteten wie subjektive Wirklichkeitskonstruktionen, die Teil eines Diskurses über einen Ort waren. In diesem Sinne ermöglicht die vignettenbasierte Fokusgruppe sowohl eine ethnografische als auch eine „kommunikative Raum(re)konstruktion“ (ebd.).

> „Über Prozesse der Objektivierung in Form von Handlungsroutinen, sprachlichen Festlegungen, Institutionalisierungen, Legitimierungen und damit auch in Form von Tradierungen kommt es zu zunehmenden Verfestigungen der Raumkonstruktionen in einem Sozialzusammenhang.“ (ebd. S. 97 ff.)

Dieser letzte Punkt der „verfestigten Strukturen“ ist zunächst dort relevant, wo man sie analytisch beschreiben möchte. Im Kapitel 4.2 werde ich mich zusätzlich der Frage zuwenden, ob und wie man verfestigte Strukturen mit dem Einsatz von Vignetten zumindest adressieren, vielleicht sogar transformieren kann.

Die Geschichte aus den Situationselementen

Die erzählte Geschichte sollte dabei ein Paradox erfüllen: geschlossen genug, dass sie eine Erzählung darstellt (für erzähltheoretische Perspektiven siehe Czarniawska 1997; Lueger/Froschauer 2013; Polkinghorne 1995; Sarbin 1986), über die man sprechen bzw. die man weitererzählen kann, und offen genug, dass genügend interpretativer Spielraum geboten wird, um die Erzählung nach den eigenen Deutungen zu diskutieren bzw. weiterzuerzählen. Die Qualität einer Vignette kann sich also durchaus durch ihre Simplizität zeigen. Ich selbst habe zumeist mehrere wirkliche oder potenzielle Konfliktnarrationen in einer Vignette verwoben. Ich beziehe mich daher auf das Konzept von *Konfliktnarrationen* in Organisationen von Lueger/Froschauer (2013), welches auf Theorien von organisationalen Erzählungen (Czarniawska 1997) aufbaut. Konfliktnarrationen wird in dieser Perspektive eine relevante Rolle im Prozess des Organisierens, Aufrechterhaltens und Veränderns organisationaler Strukturen zugesprochen.

> „In Organisationen sind Konfliktnarrationen deshalb so bedeutsam, weil aufgrund der Heterogenität und der inneren potentiellen Widersprüche Konflikte zum organisationalen Alltag zählen. […] Hier steht im Zentrum, dass narrative Darstellungen nicht nur ein wesentliches Merkmal aller Konflikte sind, sondern dass diese in den Erzählungen weiterverarbeitet werden, damit Bedeutungen und in der Folge soziale Beziehungen verändern und auf diese Weise einen wesentlichen Beitrag für die Organisationsentwicklung leisten.“ (Lueger/Froschauer 2013, S. 292)

Konfliktnarrationen stehen im Zentrum meiner Arbeit, da ich mich auf konflikthafte Situationen spezialisiert habe. Ich werde an anderer Stelle nochmals auf die Relevanz dieses Konzepts für analytische Perspektiven zurückkommen, etwa, wenn ich mich in Kapitel 5.1 mit Analysepotenzialen des Forschens mit Vignetten für die Organisationsforschung beschäftige.

Fallbeispiel Schubhaft: Die Konstruktionselemente und deren Genese im Detail

Ich möchte im Folgenden nun die Konstruktion von Vignetten am Beispiel des oben angesprochenen Projektes MOMA über die österreichische Schubhaft (Polizeianhaltewesen) veranschaulichen. Die Vignetten, die mit situationsrelevanten Personen in Fokusgruppen diskutiert wurden, greifen Situationen auf, die sich im Rahmen der qualitativen Datenproduktion als typisch für Polizeianhaltezentren (PAZ) herauskristallisiert hatten. Um Vignetten zu konstruieren, reicht es nicht aus, Erzählungen aus dem Interviewmaterial zu übernehmen. Die Situationen bedürfen einer „systematischen Typisierung" (vgl. Miko-Schefzig 2019; Miko-Schefzig et al. 2016), um nicht zufällig und damit wenig aussagekräftig zu sein. Die systematische Typisierung basierte in diesem Fall auf der Analyse des Interviewmaterials. Dabei konnte rekonstruiert werden, welche Personen in welchem Ausmaß relevant für den Alltag im PAZ sind; welche Funktionen sie erfüllen; welche Strukturen den Alltag leiten; welche Prozesse ablaufen – aber auch, wo Konfliktfelder und Problemlagen liegen. Die beteiligten Forscherinnen identifizierten die relevanten Versatzstücke der spezifischen Situationen im PAZ und konstruierten auf dieser Basis die Vignetten. Nochmals möchte ich betonen, dass bei dieser Konstruktion die Systematik von Situationsvignetten der zentrale Faktor ist.

Im Folgenden werden die Versatzstücke beschrieben, die sich in der Analyse als besonders relevant und typisch für Situationen in PAZ herausgestellt haben und die daher für die systematische Typisierung in den Vignetten ausgewählt wurden.

Beispiel: Konstruktionselemente der Vignetten aus den Schubhaftzentren

Interaktionsverhältnis

Als zentrales Thema im Polizeianhaltezentrum (PAZ) hat sich, so zeigte die Analyse, das wechselseitig wirksame Verhältnis zwischen den Angehaltenen (die Schubhaft wird in sogenannten Anhaltezentren vollzogen, weshalb der formal richtige Begriff „Angehaltene" ist) und den Beschäftigten herausgestellt. Für die Konstruktion der Vignetten bedeutet das, dass die angeführten Personen diesen beiden Personengruppen zugehörig sein sollten. Je nach PAZ werden auch Personen in die Vignetten eingebaut, die als „Vermittler*innen" fungieren, dabei aber einer der angeführten Gruppen zugeordnet werden können: Für das PAZ Roßauer Lände sind hier etwa die Hausarbeiter*innen als Angehörige der Angehaltenengruppe (aber mit mehr Aufgaben und Kompetenzen) zu nennen, im PAZ Hernalser Gürtel nehmen die Mitarbeiter*innen des Vereins Menschenrechte Österreich (die aber formal zur Behörde gerechnet werden) derartige Vermittler*innenrollen ein, während für das Anhaltezentrum Vordernberg die Mitarbeiter*innen der privaten Sicherheitsfirma G4s als relevante Stakeholder der Beschäftigtengruppe (allerdings keine Polizist*innen sondern private Securities) berücksichtigt werden müssen. Folgerichtig legte dieses Analyseergebnis nahe, dass auch in den Vignetten eine Interaktion im Zentrum der dargestellten Situation stehen muss.

Strukturbedingtes Entscheidungsdilemma

Die Auswertung der Interviews mit Beschäftigten, aber auch die Beobachtungen vor Ort machten deutlich, dass strukturelle Bedingungen massiv in die Interaktionen in PAZ hineinwirken. Dabei können die Ursachen dieser strukturellen Bedingungen weit außerhalb der PAZ selbst und damit auch außerhalb des Einflusses der Beschäftigten liegen. Im Alltag der PAZ stehen die strukturellen Bedingungen oftmals im Widerspruch zur Logik der operativen Tätigkeiten und sinnvollen Abläufe. Diese Widersprüche konnten auch in der Auswertung der Interviews mit Häftlingen nachgewiesen werden.

Auch für sie werden Grenzen, die strukturelle Bedingungen aufziehen, spürbar (z. B. fehlende Ressourcen für die Betreuung aufgrund schwer einschätzbarer Bedarfswellen, wie etwa die sogenannte „Flüchtlingswelle 2015"). Die Analyse zeigte, dass vor allem in Entscheidungssituationen, die bereits sehr komplex sind und den Beschäftigten viel abverlangen, die strukturellen Bedingungen zu Dilemmata führen können. Daher sind auch diese Dilemmata in den Vignetten präsent.

Potenzial zur Eskalation

Beschäftigte der PAZ brauchen ein feines Gespür, um ihre Arbeit, die sie oft als Gratwanderung wahrnehmen, auszuloten. Auch die Angehaltenen beobachten und analysieren die Situationen im PAZ und ziehen ihre Schlüsse daraus. Beide Personengruppen gestalten mit diesen feinen Instrumenten die Interaktionen. Sie stimmen ihre Kommunikation auf das Gegenüber ab und vermeiden damit weitgehend Konflikte. Dennoch schlummert in vielen Situationen das Potenzial zur Eskalation, was für beide Seiten unangenehm und gefährlich sein kann. Die Darstellungen in den Vignetten greifen dieses Eskalationspotenzial auf. Es verleiht der Diskussion auch in Hinblick auf mögliche Lösungen zusätzliche Relevanz.

Handlungsspielraum

Interaktionen in den PAZ sind durch Aushandlungsprozesse charakterisiert. Diese Aushandlungsprozesse finden dabei innerhalb eines Machtgefälles statt, das zwischen Angehaltenen einerseits und Beschäftigten andererseits im Setting der Anhaltung besteht. Die Positionen der Aushandelnden hängen dabei davon ab, wie viel Spielraum ihnen jeweils für ihr Handeln zur Verfügung steht. Der Handlungsspielraum wird daher als wesentliche Komponente in die Vignettensituationen eingebaut.

(Im)materielle Zugangsmöglichkeiten oder -barrieren
In der Auswertung des Interviewmaterials konnten Ressourcen identifiziert werden, die den Handlungsspielraum sowohl von Beschäftigten als auch von Angehaltenen erweitern bzw. beschränken. Die weitere Analyse legte offen, dass diese Ressourcen größtenteils Formen von Zugang bzw. Nicht-Zugang der betroffenen Personen sind. In Aushandlungen profitiert also beispielsweise jene Person mit dem besseren Zugang zu Informationen von ihrem Mehrwissen. Der fehlende Zugang zu Informationen kann zur Exklusion führen. Das trifft in hohem Maße für die Angehaltenen zu, die durch ihre Position als Inhaftierte weitgehend exkludiert sind. Aber auch die Polizist*innen haben in gewissen Situationen keinen Zugang zu wichtigen Informationen (etwa über die Dauer der Inhaftierung – ein Sachverhalt, der von den Häftlingen oft nachgefragt wird – oder über die Situation in einer Zelle). Dennoch besteht hier ein Ungleichgewicht gegenüber den Angehaltenen.

Anzahl der Personen
Auf Interaktionen in PAZ wirkt es sich aus, in welcher Konstellation die Personen involviert sind. Von besonderer Bedeutung ist hierbei, wie viele Personen konkret anwesend sind. Die Anzahl der Personen sowie deren Verteilung auf die interagierenden Personengruppen beeinflusst die Situation in unterschiedlicher Weise. Einerseits stärkt oder schwächt es Interaktionspartner*innen, wenn sie entweder in der Über- oder in der Unterzahl sind. Andererseits macht die konkrete Anzahl involvierter Personen einen Konflikt bzw. eine Eskalation mehr oder weniger wahrscheinlich und wirkt sich gleichzeitig darauf aus, wie sich die Situation entwickelt. Aus diesem Grund ist es sehr wichtig, dass in den Vignetten die Anzahl der Personen konkret ausgewiesen ist.

PAZ-spezifisches funktionelles Raum-Zeit-Kontinuum
PAZ sind eigene Systeme. Auch wenn relevante Umwelten, wie etwa assoziierte Behörden oder geopolitische Entwicklungen, strukturelle Bedingungen erzeugen, die den Alltag in den Zentren beeinflussen, sind PAZ doch abgegrenzte Bereiche. Die Analyse hat gezeigt, dass jedes PAZ über sein eigenes Raum-Zeit-Kontinuum verfügt, das räumlich und zeitlich perfekt auf die dortige Routine abgestimmt ist.
Funktionelle Zeit: Zeit ist funktionell. Uhrzeiten spielen nicht per se eine Rolle, sondern repräsentieren eine bestimmte Funktion. So sind die Morgenstunden in vielen PAZ jene Zeit, in der man seine Wünsche und Bedürfnisse für den Tag artikulieren kann; nachmittags gibt es die Spazierzeit, zweimal pro Woche ist Besuchszeit. Anhand der funktionellen Routine lässt sich der Tag, aber auch die Woche für jedes PAZ in ein zeitliches Schema einteilen.
Funktioneller Raum: Gleiches gilt für den Raum. Auch dieser ist funktionell belegt. Räume haben ganz bestimmte Funktionen, die den Personen, die sie betreten, einen ganz bestimmten Rahmen vorgeben. Raum und Zeit sind dabei eng miteinander verknüpft.

Für die Erstellung der Vignetten ist es wesentlich, Angaben zu den PAZ-spezifischen Raum- und Zeitdimensionen anzuführen. Für Insider*innen erschließt sich damit sofort eine Rahmung der Situation.

Abbildung 4 soll die eben beschriebenen Situationselemente für die Vignette nochmals grafisch darstellen und dabei die Komplexität der Konstruktion hinter der scheinbar einfachen Situationsbeschreibung veranschaulichen.

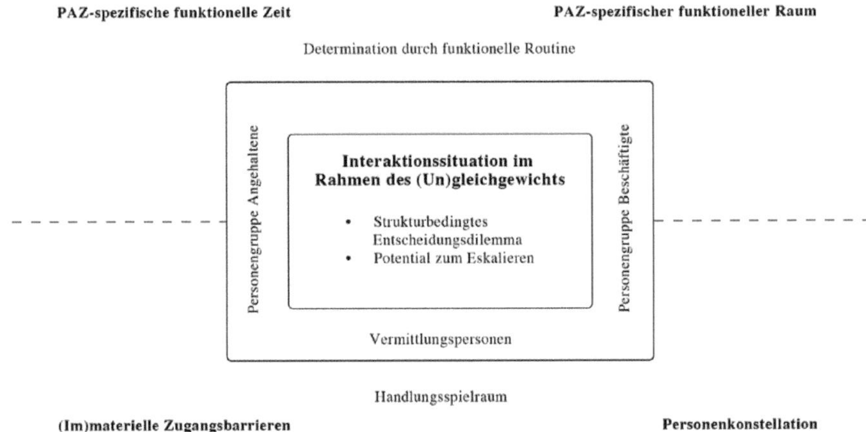

Abb. 4: Situationsrelevante Konstruktionselemente, die in der Vignette zu bedenken sind

Vignetten als Elizitierungstools wirken oft wie einfache Stories. In meinem Verständnis sind sie jedoch gegenstandsbezogen und typisiert – das ist aus meiner Sicht der Grund dafür, dass uns in den Interviews immer wieder eine hohe Anschlussfähigkeit der Vignetten an die Lebenswelt attestiert wurde. Situationselemente, aus denen die Vignetten konstruiert werden, sind – das sollte das obige Beispiel zeigen – nicht erratisch aus dem Datenmaterial aufgegriffene Aspekte einer Kurzgeschichte, sondern bereits Typiken, die sich aus der Analyse eines Feldes ergeben haben.

4 In welchen Forschungssituationen kann ich Vignetten einsetzen?

Meine Kolleg*innen und ich setzten in der ersten Studie (Miko et al. 2010), in der wir mit Vignetten experimentierten, die Vignetten in Einzelinterviews im öffentlichen Raum ein. Schon ab der zweiten Studie (Miko/Mayr/Stadler-Vida 2013) starteten wir mit Vignetten in Gruppensettings. Dieser Wechsel in das Gruppensetting wurde außerdem begleitet vom Einsatz von Vignetten im Rahmen partizipativer Projekte, indem wir verschiedene Forschungspartner*innen am Forschungsprozess beteiligten.

Studien mit dem Einsatz von Vignetten wurden bislang erfolgreich in unterschiedlichen Anwendungsfeldern, wie zum Beispiel im Schulungs- und Trainingsbereich, durchgeführt, meistens mit dem Ansinnen, die interpretativen Prozesse der Forschungsteilnehmer*innen zu rekonstruieren.

> „We will try to show how scenarios can be presented to interviewees that encourage them to engage in various acts of orientation and how, through such acts, the researcher is able to gain insight into participants' interpretative processes and the multi-faceted nature of their stock of knowledge." (Jenkins et al. 2010, S. 176)

Worin liegen nun die Vorteile des Einsatzes von Vignetten im Gegensatz zu anderen Elizitierungstechniken (im Gruppensetting)? Sie liegen

1. in der umfassenden Präsentation und Bewertung der Vignetten, durch die die befragten Personen realistische Szenarien und nicht einzelne, abstrakte Elemente bewerten können,
2. in der Möglichkeit, Fragestellungen in ihrer Komplexität und der Besonderheit ihres situativen Bildes in konkreten Situationsbeschreibungen niederschwellig darzustellen,
3. in der Bewahrung einer weitgehend stressfreien Forschungssituation, da die Bewertung einer Vignette nicht begründet werden muss und sich diese Methode dadurch für emotional oder moralisch heikle Themen besonders gut eignet und
4. in der Möglichkeit, latent vorhandene Muster in der Bewertungs- und Urteilsbildung aufzeigen zu können. Mit latent vorhandenen Mustern beziehe ich mich auf das Verständnis von Froschauer/Lueger (2020). Diese sind zwar auch bei anderen Materialien rekonstruierbar, im Kontext der Vignettenanalyse kann jedoch ein zusätzlicher Fokus auf die Frage gelegt werden, in welcher Weise die Elemente der Vignette in die Erzählung eingeflochten sind.

In diesem Kapitel werde ich nun den Einsatz von Vignetten und deren Nutzen in diesen Forschungssettings vorstellen und reflektieren. Zunächst zeichne ich nach, wieso ich Vignetten bevorzugt in Mehrpersonengesprächen einsetze (Kapitel 4.1). Ausgehend von meinen Erfahrungen des Einsatzes in partizipativen Projekten schlage ich in Kapitel 4.2 eine Verbindung zu Judith Butlers Konzept der Performativität vor, wenn ich das transformatorische Potenzial von Vignetten beschreibe. Dem Einsatz von Vignetten in Rollenspielen widme ich das Kapitel 4.3. Abschließend reflektiere ich die Forschungssituation selbst (siehe Kapitel 4.4), denn in den Vignetten werden nicht nur Situationen beschrieben, ihr Einsatz selbst stellt eine Situation dar.

Beispiel: Steckbrief von zwei Forschungssituationen

In dem Projekt MOMA wurden etwa Schubhäftlinge, Stockwerksbeamt*innen sowie Sozialarbeiter*innen an einem Tisch zusammengebracht. Ein besonderer Fokus der Methodenentwicklung zur vignettenbasierten Fokusgruppe lag also in der Adaptierung dieser Methode für heterogene Gruppen bzw. konfliktreiche Situationen. Solche Situationen sind emotional und sozial sensibel. Die Vignette hilft dabei, einen gemeinsamen Fokus herzustellen, der zunächst von der eventuell konflikthaften Heterogenität in der Gruppe „ablenkt" und einen gemeinsamen Situationsrahmen gibt, in dem man sich einer problematischen Situation langsam zuwendet.

In meinen Studien zum öffentlichen Raum (SUSI, PARSIFAL, POLIS) lag der Fokus auf der Konstruktion und der empirischen Fassbarkeit von Situationen (in urbanen Räumen). Inhaltlich wurden die unterschiedlichen Situationsdefinitionen der Akteur*innen vor Ort erhoben, um nachzuzeichnen, wie Situationen definiert und im konkreten Fall als sicher oder unsicher wahrgenommen werden (Interviewmaterial). Im ethnografischen Material konnte außerdem erhoben werden, wie Interaktionen in den Situationen stattfinden, welche räumlichen Artefakte einen Einfluss auf die Bewertung der Situation haben, welche Bewegungsflüsse zu beobachten sind u. v. m. Aus diesen Analysen entstand gegenstandsbezogen die Fokussierung auf vier Bereiche (vgl. Miko/Neureiter/Stadler-Vida 2012):

1. Personen und ihre Interaktionen
2. Artefakte der Situation (in einem Raum)
3. Bewegungsflüsse der Personen und Artefakte
4. Image/Identität des Ortes. Identität heißt in diesem Zusammenhang das Konglomerat an Geschichten, die vor Ort erzählt werden; im Gegensatz zu medialen und politischen Diskursen, die jedoch auch Einfluss auf die Identität haben können.

4.1 Die Verbindung von Vignette und Fokusgruppe: Eine Methode zur Erforschung situativer Fragestellungen

Während ich Vignetten anfänglich noch in Einzelsettings genutzt habe (und ich dies nach wie vor auch für möglich und sinnvoll erachte, siehe etwa Miko et al. 2010), begann ich mich dafür zu interessieren, den situativen Fokus nicht nur in der Forschungsfrage und den darauf basierenden Vignetten, sondern auch im Gruppensetting aufzugreifen. Ich möchte daher im Folgenden meinen Ansatz des Vignetteneinsatzes im Gruppensetting vorstellen. Der Wechsel vom Einzel- zum Gruppensetting war der Tatsache geschuldet, dass die Vignetten im Einzelsetting hin und wieder nicht den Nutzen brachten, den wir uns gewünscht hatten. So testeten wir die Vignetten an den problematisierten Orten (d. h. in dem sozialen Raum, um den es in der Vignette ging), indem wir Passant*innen im tatsächlichen Sozialraum eine Vignette vorlegten und sie diese besprechen ließen. Der Vorteil dieser Variante war, dass die befragten Personen an Orte bzw. Artefakte führen konnten, die in der Vignette besprochen wurden. Es ergab sich daraus ein interessanter Methodenmix aus Interview und ethnografischer Begehung. Jedoch führte das oftmals von der Vignette, also von der beschriebenen Situation, weg. Das Datenmaterial war zwar reichhaltig, jedoch war die Konzentration auf die Vignette nachrangig. Wir trafen außerdem auf Passant*innen, die in ihrem Alltag nicht gestört werden wollten und daher die Situation nur knapp abhandelten.

Aufgrund dieser Einschränkungen wechselten wir zu Gruppenbefragungen. Interviews (ob Einzel- oder Gruppeninterviews) verstehe ich als Interaktionsereignisse (siehe dazu Deppermann 2013; Froschauer/Lueger 2020; Mey/Mruck 2020; Silverman 2011). In diesem Sinne sind Interviews „nicht nur Interaktionen, in denen Informationen ausgetauscht werden. Sie sind Ereignisse sozialen Handelns“ (Deppermann 2013, § 21). Die Gruppe, noch dazu eine, die der Situation und den Akteur*innen entspricht, die in der Vignette besprochen werden, ist ein wesentlicher Faktor dieses Ereignisses. In diesem Kapitel möchte ich daher erklären, weshalb ich die Verbindung von Vignette und Gruppe für besonders gewinnbringend halte.

Die Entwicklung der vignettenbasierten Fokusgruppe

Als wir mit den Fokusgruppen anfingen, wussten wir noch nicht, dass sich daraus einige neue methodische Einsichten ergeben würden (etwa zur Zusammensetzung von heterogenen Gruppen), waren uns aber bewusst, dass es die Verbindung zweier Methoden bedeutet, die wir vignettenbasierte Fokusgruppe nannten und die eine neuartige Methodenkombination darstellt: Sie integriert die Vignettenbefragung (vgl. Jenkins et al. 2010; Steiner/Atzmüller 2006; Steiner/Atzmüller/Su 2016; Stiehler/Fritsche/Reutlinger 2012) in die Fokusgruppe (vgl. Greenbaum 1998; Remenyi 2011; zu Mehrpersoneninterviews etwa Froschauer/Lueger 2003; zur Gruppendiskussion Bohnsack 2013). Die in den Vignetten beschriebenen Situationen werden in Fokusgruppen eingesetzt und zielen darauf ab, *typische Argumentations- und Einschätzungsmuster der befragten Personen hinsichtlich einer konkreten Situation* zu erheben. Diesen szenariobasierten[8] Einsatz von Vignetten in Fokusgruppen haben Elisabeth Mayr und ich zur Erforschung räumlicher Situationen entwickelt (Miko/Mayr 2014; Miko-Schefzig et al. 2016). Empirisch und methodologisch handelt es sich dabei um eine Verquickung zwischen Raum und Situation, denn die Situationen, die wir in den Vignetten beschrieben, waren jeweils in konkreten (urbanen) Räumen beobachtet und durch Analysen typisiert worden.

Die Literatur zu Gruppenverfahren lässt sich grob in zwei Stränge aufteilen (siehe Abbildung 5): in die Beschreibung von Fokusgruppen im Bereich der Marktforschung (in der diese Methode letztendlich auch entstanden ist, vgl. Greenbaum 1998; Merton 1987; Remenyi 2011) und in Literatur zu Gruppendiskussionen bzw. Mehrpersonengesprächen, die sich mit den methodischen und methodologischen Implikationen dieses Verfahrens auseinandersetzt (etwa Bohnsack 2013; Froschauer/Lueger 2020; Lueger 2010). Ich verorte die vignettenbasierte Fokusgruppe im Bereich der Mehrpersonengespräche und beschäftige mich ganz speziell mit heterogenen Gruppen (im Gegensatz zur Methode der Gruppendiskussion nach Bohnsack, der sich explizit für homogene Gruppen ausspricht). Es stellt sich daher die Frage, weshalb ich die Bezeichnung „Fokusgruppe" und nicht „Mehrpersonengespräch" gewählt habe. Das Mehrpersonengespräch wäre in diesem Kontext insofern naheliegend, als ich die Methode in die Familie der interpretativen Methoden einfügen möchte, etwa mit Interesse an Prozessdynamiken und Systemlogiken (Froschauer/Lueger 2020) oder kollektiven Orientierungen (Bohnsack 2013), wobei Bohnsack nicht im engeren Sinne interpretativ arbeitet, sondern an den Habitustheorien von Pierre Bourdieu und neuerdings den Praxistheorien orientiert ist (zur Abgrenzung zwischen dokumentarischer Gruppendiskussion und interpretativem Paradigma siehe Bohnsack/Przyborski/Schäffer 2006, S. 11 ff.). Jedoch habe ich die vignettenbasierte Fokusgruppe dafür entwickelt, dass individuelle Situationseinschätzungen in einem Gruppensetting ausgehandelt werden. Insofern wollte ich dies auch mit dem Begriff der Fokusgruppe verdeutlichen.

8 Der Begriff „szenariobasiert" ist dem Einsatz und der Entwicklung in der Sicherheitsforschung geschuldet. Die Organisation Polizei denkt in Szenarien. Ein Fokus auf Situationen ist daher attraktiv.

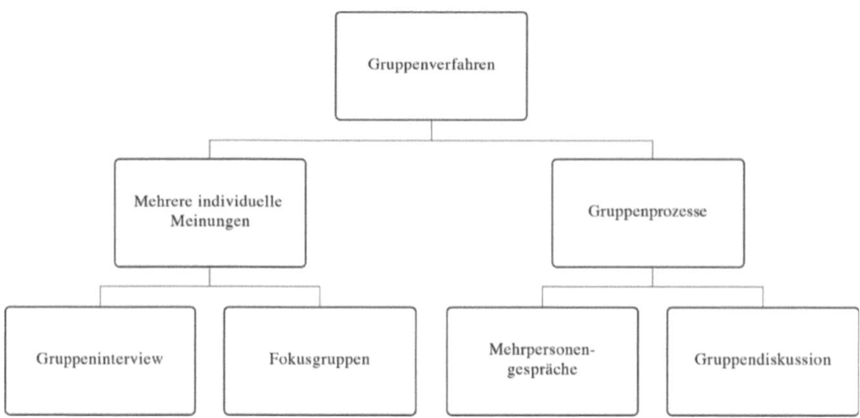

Abb. 5: Überblick über die Gruppenverfahren

Es können sich in diesen Interviewsituationen natürlich durchaus gruppendynamische Prozesse entwickeln, die in die Analyse einbezogen werden können und sollen, jedoch bleibt es eine Methode, die an den individuellen Situationsdeutungen interessiert ist. Das ist nicht in der ursprünglichen Konzeption der Fokusgruppe für Marktforschungszwecke gedacht (vgl. Merton 1987). Die Gruppe kommt als methodischer Faktor dort ins Spiel, wo die Einzeldefinitionen in einer konkreten Situation zusammentreffen (ähnlich wie sie es in den urbanen Situationen vor Ort wirklich tun; also in der Situation, für die die Methode entwickelt wurde) und dort eine Wirkung, etwa eine Irritation, auslösen. Die Methode ist in diesem Sinne als interviewspezifische Heuristik in der Tradition des Thomas-Theorems (Thomas/Thomas 1970 [1928] – „If men define situations as real, they are real in their consequences") gedacht.

Es fällt auf, dass in der Interviewforschung das Einzelinterview nach wie vor prioritär behandelt wird (vgl. Froschauer/Lueger 2020). In der Erforschung von Orten und Situationen bzw. der unterschiedlichen Interpretation dieser, geht es aber gerade nicht um eine Einzelperspektive, sondern um die Aushandlung dieser Einzelperspektiven in einem sozialen Umfeld (siehe Abbildung 6). Die vignettenbasierte Fokusgruppe ist in diesem Sinne als Hybrid zu denken: Es geht um die Einzelmeinung, aber die Einzelmeinung in ihrer Artikulation in einem Gruppensetting. Natürlich darf dabei nicht übersehen werden, dass in der Literatur zur Fokusgruppe (gerade in der Tradition von Morgan 1997) auch durchaus das Gruppeninteresse vorhanden ist.

> „A focus group is one example of an ad hoc group created by a researcher for certain immediate purposes like to ‚elict people's understandings, opinions and views, or to explore how these are advanced, elaborated and negotiated in a social context'." (Wilkinson 1998 zit. n. Hydén/Bülow 2003, S. 306)

Es geht mir in der vignettenbasierten Fokusgruppe jedoch nicht unbedingt darum, wie diese Meinung in einem Gruppenprozess weiterverhandelt wird (obwohl dies auch in die Analyse einfließen kann), sondern vielmehr darum, welche Reaktionen diese Einzelsicht auf die anderen Einzelsichten auslöst. Gerade weil es sich um heterogene Gruppen in problematisierten Situationen handelt, kann diese Konzeption von Fokusgruppen helfen, dass die individuellen Sichtweisen „spontaner, unkontrollierter und durch die Bezugnahme auf differente (insbesondere konträre) Ansichten auch deutlicher zum Ausdruck gebracht werden" (Liebig/Nentwig-Gesemann 2002, S. 142 f.). Oder, wie es Lamnek (2010) formuliert: „Ohne eine argumentative Front, gegen die der Einzelne Stellung beziehen kann, ist er nicht in der Lage, seine eigene Meinung oder Einstellung zu äußern" (ebd., S. 383). Gleichzeitig können gerade solche Situationen Tabuisierungen und Beschämungen befördern, die es zu verhindern oder zu moderieren gilt (siehe zu den forschungsethischen Implikationen Miko-Schefzig/Reiter 2018). Cook (2012) etwa kritisiert in ihrem Artikel „Stigma and the interview encounter" die Vorannahme eines neutralen Interviewsettings. Mit Bezugnahme auf Goffman schreibt sie von den zwei Möglichkeiten der Entwicklung während eines Interviews:

> „[I]nterviews as encounters that provide the research participant with a forum where face-saving performances of the desirable self can be staged. These performances, however carry with them social risks such as the risk of becoming discredited or being disregarded as a moral agent (Goffman, 1959, 1961, 1963)." (ebd., S. 338).

Im Kapitel 4.2 komme ich auf Machtfragen im Kontext der vignettenbasierten Fokusgruppe zurück.

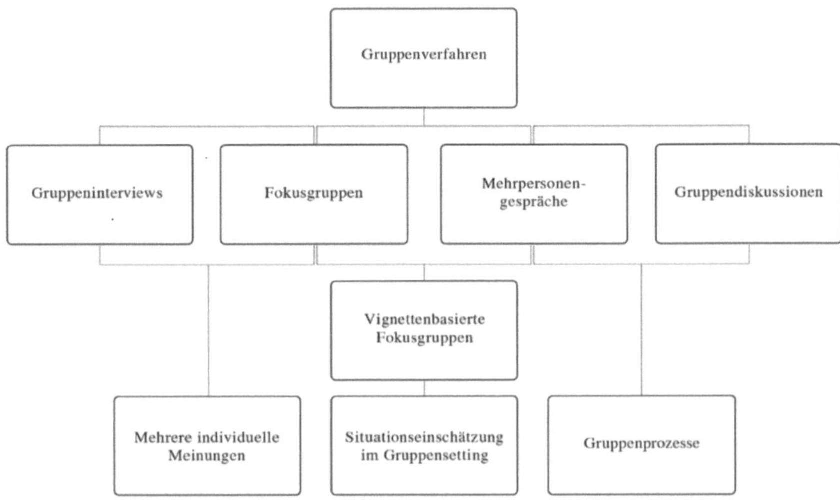

Abb. 6: Die vignettenbasierte Fokusgruppe hinsichtlich ihrer Einordnung in die Gruppenverfahren

Trotzdem habe ich in der Konzeption der Methode auch auf die Diskussionen der interpretativen Gruppenverfahren zurückgegriffen. Die Aushandlung bzw. die sich darin findenden Divergenzen in einem Gruppensetting sind oftmals die Basis für potenzielle Konflikte. „Will man aber etwas über die Strukturierung eines sozialen Feldes erfahren, so sind individuelle Erfahrungen und Meinungen so lange peripher, als sie nicht in die sozialen Aktivitäten hineinspielen" (Froschauer/Lueger 2003, S. 55). Insofern eignen sich Gruppenverfahren gerade für heterogene Gruppen (mit Machtgefällen) dann, wenn das Interview nicht als moderiertes Gespräch konzipiert wird, sondern gerade die Dynamik dieser speziellen Gruppe sichtbar gemacht wird.

> „In erster Linie sollten jedoch die TeilnehmerInnen das Gespräch selbst strukturieren. Eingriffe im späteren Verlauf helfen, einerseits die Beziehungsstruktur etwas aufzulösen (indem man etwa AußenseiterInnen in das Gespräch einbezieht und dadurch deren Sichtweise erörtert), andererseits inhaltliche Lücken abzudecken (Themen, die man auf jeden Fall besprochen haben möchte)." (ebd., S. 56)

Die vignettenbasierte Fokusgruppe ist ein Tool, um divergierende Einschätzungen auf Situationen zu erfassen. Diese können sich aber nicht nur aufgrund unterschiedlicher inhaltlicher Positionen ergeben, sondern auch aufgrund der Position in einem spezifischen sozialen Gefüge. Um wieder ein Beispiel aus meiner Forschung zu geben: Die polizeiliche Einschätzung einer Situation als unsicher ist nicht ohne die Tatsache zu verstehen, dass jede polizeiliche Handlung auf Basis eines Gesetzes getätigt werden kann bzw. muss. Eine Straßenmusikerin schätzt die Situation eventuell anders ein, möchte sie doch ihre Musik einem breiten Publikum vorstellen. Was also dem einen eine durch Gesetze strukturierte Situation ist, ist der anderen eine Arena der Selbstdarstellung.

Samplingstrategie: Typisierte Gruppen für typisierte Situationen

Eine weitere wesentliche Komponente meines Verständnisses von Vignetten besteht in der konkreten Zusammensetzung der Fokusgruppe (siehe dazu auch den kommenden Abschnitt „Die Gruppenbildung in der vignettenbasierten Fokusgruppe"). Hier habe ich mich besonders auf die theoretische Fundierung der Gruppenzusammensetzung spezialisiert und den Einsatz von „typischen Gruppen" empfohlen – und damit eine Zusammensetzung jenseits der klassischen Dichotomien homogen vs. heterogen bzw. künstlich vs. natürlich. Grundidee des Einsatzes von Vignetten in Gruppen war es, die Situation und deren Akteur*innen in der Vignette durch die Zusammensetzung der Fokusgruppe widerzuspiegeln. Die Ausdeutung der in der Vignette beschriebenen Situation in einem Setting, das der empirisch interessierenden Situation und deren Akteur*innen nahekommt, ist also ein Kernelement meines Ansatzes.

Wiederholt wird in der Literatur zu Fokusgruppen (vgl. Hydén/Bülow 2003) zu homogenen Gruppen geraten, deren Teilnehmer*innen sich außerdem vor dem Gespräch noch nicht kennen sollten.

> „Focus groups usually consist of a number of participants who have been selected because they are homogeneous in some respects. Normally, the participants are not previously acquainted with one another, nor do they constitute a ‚natural' group, although there are researchers (e. g. Kitzinger 1994) who prefer to use already existing groups." (ebd., S. 307)

An dieser Stelle ist die vignettenbasierte Fokusgruppe nicht in die gängigen Gruppenverfahren einzuordnen, sondern als eigenständige Methode innerhalb einer Methodenabfolge (siehe Abbildung 1) zu definieren. In den traditionellen Fokusgruppen werden die Teilnehmer*innen (i) in Bezug auf die Fragestellung ausgewählt (und können darin homogen oder heterogen sein). Fokusgruppen werden außerdem (ii) zumeist als Erstdatum (nur die Fokusgruppe) oder als Datum unter anderen (etwa Einzelinterviews) zur Beantwortung der Forschungsfrage verwendet. In der Auswahl der Gruppe und dem Zeitpunkt des Einsatzes der Methode liegt die Novität meiner Konzeption: Die Gruppen, die wir zusammengestellt haben, waren weder natürliche noch homogene Gruppen, sondern typisierte Gruppen bezogen auf typisierte Situationen, die vorab empirisch erhoben und analysiert worden waren. Sie ist eine Methode zur Erforschung von Situationsverläufen bzw. -einschätzungen. Sie funktioniert jedoch nur, wenn die Elemente, die eine solche Situation ausmachen, empirisch begründet in die Konstruktion der Vignette einbezogen werden. Die zusammengesetzte Gruppe ist in diesem Sinne auch keine natürliche Gruppe, sondern eine Gruppe entsprechend einer natürlichen (wenn auch typisierten) Situation.

Der Vorteil dieser Art der Gruppenzusammensetzung liegt darin, dass für die Einschätzung der besprochenen Situationen ausreichend Alltagsexpertise vorhanden war. Gleichzeitig fanden sich die Teilnehmer*innen der Fokusgruppe gerade wegen der Typisierung (vgl. Schütz/Luckmann 2003) sowohl in den Inhalten der Vignette als auch in ihren Mitdiskutant*innen wieder. In meiner Forschung habe ich wiederholt das Feedback erhalten, dass die jeweilige Vignette den Anwesenden nicht fremd war, sondern sehr lebensnah erschien.

Hydén/Bülow (2003) weisen auf zwei Leistungen hin, die Teilnehmende einer Fokusgruppe als Gruppe erbringen müssen: zum einen eine gemeinsame Gesprächsbasis entwickeln, zum anderen, diese Gesprächsbasis nutzend, den eigenen Beitrag einbringen. Bei heterogenen Gruppen erschwert sich dieser Anspruch, da gerade das Finden der gemeinsamen Gesprächsbasis eine besonders anspruchsvolle Aufgabe darstellt. Besonders wichtig ist daher der Prozess der Gruppenbildung, auch wenn die gemeinsame Basis nur darin besteht, Teilnehmer*in einer Fokusgruppe zu sein. Die Vignette dient ganz zentral der Herstellung dieses Gruppengefühls, da die Gesprächsteilnehmer*innen anhand einer konkreten Situation, die sie kennen, verbunden sind (obwohl ich die vignettenbasierte Fokusgruppe im interpretativen Paradigma verorte, kann hier eine Verbindung zum Mannheim'schen [1980] „konjunktiven Erfahrungsraum" bzw. zum „strukturidentischen Zusammenhang" gezogen werden. Dies zeigt die Anschlussfähigkeit des Forschens mit Vignetten an unterschiedliche sozialwissenschaftliche Theorietraditionen und Methodologien [etwa Bohnsack 2013; Bohnsack/Przyborski/Schäffer 2006]). Froschauer/Lueger (2020) betonen, wie wichtig die Anschlussfähigkeit der Einstiegsfrage an die Lebenswelt der interviewten Personen ist. Ein Interview kann sehr rasch zu seinem Ende kommen, wenn die Interviewsituation bereits am Anfang für die interviewte Person unverständlich bleibt.

Die Gruppenbildung in der vignettenbasierten Fokusgruppe

Im Setting der vignettenbasierten Fokusgruppe ist die Anschlussfähigkeit auch Basis der Gruppenbildung: Sollten die Teilnehmenden auch sonst nichts gemein haben, ist es eine Grundbedingung einer gelungenen Fokusgruppe, dass sie zumindest die Vignetten affirmieren („Ja, das ist wirklich eine typische Situation"). Dabei ist der Begriff der Gruppenbildung zu definieren. Im qualitativen Mehrpersonengespräch (Froschauer/Lueger 2020) wird das Interview mit realen Gruppen (etwa Personen einer gemeinsamen Abteilung in einer Organisation) präferiert, weil es nicht um das Nebeneinander von Einzelmeinungen geht, sondern um den

> „*sozialen Kontext* und […] dessen Wirkung auf die Gesprächsdynamik. Möchte man also aus dem Mehrpersonengespräch diesen Kontext ergründen, so ist nicht so sehr die individuelle Äußerung von Bedeutung, sondern wie der Kontext gestaltet ist und wie dieser Kontext in die Gesprächsführung einfließt." (Froschauer/Lueger 2020, S. 63)

Nun teilten unsere Gesprächsteilnehmer*innen nicht denselben Kontext, wie ihn etwa Menschen aus einer Abteilung teilen. Aber sie teilten den situativen Kontext jener Situation, die in der Vignette beschrieben wird. Es ist also wichtig zu betonen, dass die Gruppen in der vignettenbasierten Fokusgruppe keine Gruppe in der engeren sozialwissenschaftlichen Definition sind, d. h. es sind meist „einander fremde Menschen (wie in vielen Fokusgruppengesprächen)", die noch dazu kein „Zusammengehörigkeitsgefühl oder eine Gruppenidentität" aufweisen (Froschauer/Lueger 2020, S. 61). Sie teilen aber auf der Basis der typisierten Zusammensetzung wesentlich stärker den *situativen Kontext* als dies eine zufällig zusammengestellte Gruppe für diese Art von Fokusgruppen leisten konnte. Dabei ist auch wichtig, dass wir die Gruppe immer so nah wie möglich an der empirischen Situation zusammenstellten. Wenn in der Situation etwa ein Gewerbetreibender zentral war, dann sollte ein solcher an der Fokusgruppe teilnehmen, der wirklich an dem Ort, von dem die Vignette handelt, tätig ist. Wenn Polizist*innen eine Rolle spielten, dann war es uns nicht nur wichtig, dass diese anwesend waren, sondern dass sie eben den *situativen Kontext* dieser Vignette teilten, also etwa eine Polizistin, die am Wiener Schwedenplatz Streife geht. Dies bedeutet auf einer forschungspraktischen Ebene, dass die Gruppenzusammensetzung (i) bereits gute empirische Kenntnisse voraussetzt und (ii) die Zusammensetzung durchaus viele Zeitressourcen binden kann.

Kontrovers wurde die Diskussion in unseren vignettenbasierten Fokusgruppen zwischen den Teilnehmenden dann, wenn es um die inhaltliche Interpretation der Situation ging. Das ist auch der Grund, weshalb die Vignetten sprachlich und inhaltlich einfach konstruiert werden: Der interpretative Spielraum ist deshalb wichtig, weil die Vignette impulsgebend für die Auseinandersetzung in der Fokusgruppe sein sollte. Wenn eine Geschichte also bereits auserzählt ist, schließt sie die erste Erzählphase innerhalb der Fokusgruppe eher, als dass sie diese öffnet (vgl. Froschauer/Lueger 2003). In einem Mehrpersonengespräch geht es nicht nur darum, die eigene Erzählung zu strukturieren, sondern auch „um die sinnhafte Positionierung der eigenen Beiträge und die daraus resultierende Kollektiverzählung" (ebd., S. 71). Für die vignettenbasierte Fokusgruppe gilt dies in besonderem Maße, da es sich um potenziell konkurrierende Personen handelt (etwa, wenn ein Sozialarbeiter und eine Polizistin an einer Fokusgruppe teilnehmen, die unterschiedliche Arbeitsaufträge in der realen Situation, die in der Vignette beschrieben ist, auszuführen haben). In der empirischen Umsetzung der vignettenbasierten Fokusgruppe zeigte sich, dass es zwar zu „resultierenden Kollektiverzählungen" kommen kann, dass diese aber unterschiedlich ausgestaltet sein können. Zwei Varianten kamen vor: Entweder wurde eine Kollektiverzählung angenommen, die unterschiedlichen Sichtweisen bzw. Handlungsaufträge wurden aber kommentiert, etwa „Sie sehen das sicher anders, aber Sie haben auch einen anderen Auftrag vor Ort". Oder es gab konkurrierende Kollektiverzählungen, d. h. konkret, dass Allianzen zwischen sich ähnelnden Gruppen gebildet wurden. So konnten sich Jugendliche und Sozialarbeiter*innen auf eine Situationsdefinition einigen, der Geschäftsbetreiber und ein örtlicher Polizist auf eine andere.

Das Herstellen einer gemeinsamen kommunikativen Basis ist somit letztendlich der entscheidende Punkt für das Gelingen oder Misslingen einer vignettenbasierten Fokusgruppe.

> „The participants may find a common communicative ground in the task or topic presented by the moderator. It is only when the participants start to act and view themselves as members of a group sharing a common ground – as belonging to something that is more than the sum of its individual participants – that they may be regarded as interacting as group members." (Hydén/Bülow 2003, S. 311)

Die Vignetten greifen Situationen auf, die sich als typisch für die problematisierten Orte herauskristallisiert haben. In diesem Sinne wird auch klarer, weshalb ich die Einzelmeinung im Gruppengespräch für relevant halte: Auch in den Situationen unseres Alltags treten wir zunächst als Individuen mit einer spezifischen Deutung einer Situation auf. Das meine ich zum einen hinsichtlich der konkreten Interaktion von Personen, die in den Vignetten beschrieben werden (Welche Personengruppen treffen in einer konkreten Situation aufeinander?). Ich meine es zum anderen aber auch hinsichtlich der prinzipiellen Konzeption des Akteurs/der Akteurin im Symbolischen Interaktionismus.

> „The actor of interactionist theory, therefore, is capable of self-consciousness and self-awareness. His or her actions, and his or her potential effects on their perceptions are thus available for reflective knowledge. Even though many of our actions are – in this context – pre-conscious, in principle the interactionist actor can treat his or her actions in the world and interactions with others as the object of inspection." (Atkinson/Housley 2003, S. 121)

Die soziale Situation der Fokusgruppe macht es möglich, die Einschätzungen einer Situation bzw. die Frage, wie in dieser Situation bisher gehandelt wurde, zu reflektieren und so der Analyse zugänglich zu machen.

Durch die Betrachtung von Gruppennarrativen (in meinem Fall zu Sicherheitsszenarien bzw. Konfliktsituationen) werden sowohl die Situationsdefinitionen als auch deren Aushandlung (im Sinne von Thomas/Thomas 1970 [1928]) in den Vordergrund gerückt, um eine Analyse zu ermöglichen. Problematische Situationen gemeinsam mit platzrelevanten Personen, der Polizei und anderen Expert*innen zu untersuchen, führt zu reichhaltigen Ergebnissen: Es hilft zu klären, welche Merkmale in dieser konkreten Situation als problematisch angesehen werden (Interpretation der Situation). Außerdem zeigt es die Konsequenzen, die entstehen, wenn Menschen eine bestimmte Handlungsweise in einer bestimmten Situation (selbst wenn es nur in einer Erzählung ist) wählen (Interpretation der Konsequenzen). Drittens erlaubt es die Methode, die entscheidenden Merkmale, die von zentraler Bedeutung für verschiedene Teilnehmer*innen in einer Situation sind, zu analysieren (Interpretation der Merkmale einer Situation).

Es muss abschließend nochmals festgehalten werden, dass die Zusammensetzung einer vignettenbasierten Fokusgruppe typisiert für eine spezifische, empirische Situation erfolgt. Wenn wir also etwa eine Polizistin in eine Fokusgruppe einladen, dann ist daraus nicht zu schließen, dass diese allgemein für ihren Berufsstand sprechen kann. Die polizeiliche Sozialisation allerdings gemeinsam mit dem situativen Kontext, den sie mit den anderen Teilnehmenden teilt, ermöglicht es ihr zu erläutern, welche Probleme sich für die Situation ergeben, in der sie polizeiliche Tätigkeiten ausführen muss. Auf der Ergebnisebene kann sich nach der Analyse herausstellen, dass hier ein sehr homogenes Bild von situativen

Problemen für diese Berufsgruppe entsteht. Genauso gut können sich aber auch verschiedene Typen von Problemen ergeben (siehe dazu Kapitel 5.4).

Fragetechniken in der vignettenbasierten Fokusgruppe: Qualitatives Interviewen vs. Moderieren

Ein wesentlicher Teil der Anwendung von Vignetten sind die damit verknüpften Fragetechniken in den Interviewsettings. Die meisten Fragetechniken sind am ehesten mit qualitativen Leitfäden zu vergleichen. Es gibt bereits vorab erstellte Fragen, die sich jedoch – im Gegensatz zu Leitfäden – konkret auf die in den Vignetten beschriebenen Inhalte beziehen (das ist bei Interviews zu Moral-Dilemmata ähnlich, siehe dazu Kohlberg 1984). Dabei ist zu sehen, dass es sich nicht um allgemein erzählgenerierende Fragen handelt, sondern um Fragestrategien, die sich rund um die Situation und deren Weitererzählung drehen. Das Fragenverständnis kann hier sehr unterschiedlich sein, von offen bis sehr strukturierend, wobei ich, meinem interpretativen Verständnis entsprechend, stark strukturierende Fragen ablehne. Gleichzeitig habe ich hin und wieder mit geschlossenen Fragen experimentiert (siehe zur Produktivität von gescheiterten Interviews Eckert/Cichecki 2020). So hat sich – ein für das qualitative Paradigma sehr untypischer – Einstieg mit der Frage „Kennen Sie diese Situation?" nicht als erzählhemmend, sondern, im Gegenteil, -öffnend erwiesen, weil er die Diskussion um unterschiedliche Deutungen verstärkte. Ich habe das nicht jedes Mal gemacht, möchte hier aber dazu anregen, mit unterschiedlichen Fragen zu experimentieren (siehe dazu das Beispiel „Einstieg in die vignettenbasierte Fokusgruppe" weiter unten). Froschauer/Lueger (2020) etwa empfehlen, Vorstellungsrunden für Mehrpersonengespräche und erste Erzählimpulse niemals an eine Person zu richten, sondern an das Kollektiv. So könne verhindert werden, dass „ein Frage- und Antwortrhythmus im Zentrum steht" (ebd., S. 79).

In den vignettenbasierten Fokusgruppen zur subjektiven Sicherheit im öffentlichen Raum etwa haben wir unterschiedliche Fragestrategien gewählt. Im Projekt PARSIFAL lag das Erkenntnisinteresse darin, ausschließlich die unterschiedlichen Situationsdefinitionen zu erheben (Wie geht diese Geschichte weiter?). Im Folgeprojekt POLIS wollten wir eine Handlungsebene einziehen, indem wir die Fragestellung auf gemeinsame Lösungen für die problematisierten Situationen ausrichteten (Wer ist für dieses Problem zuständig? Wie kann es gelöst werden?). Für beide Fragestellungen waren jedoch drei Fragen zentral, die wir in dieser oder einer ähnlichen Form immer gestellt haben:

1. Kennen Sie diese Situation? Oder: In welcher Weise kennen Sie diese Situation?
2. Welchen Teil der Erzählung müssten wir ändern, damit diese mit Ihrer Erfahrung übereinstimmt?
3. Wie geht diese Erzählung/Situation weiter?

Erkenntnisinteresse in diesem Zusammenhang blieben die unterschiedlichen Situationsdefinitionen der Teilnehmer*innen der Fokusgruppe. Für einige Teilnehmer*innen am Wiener Schwedenplatz etwa war der Alkoholkonsum der Schlüsselfaktor für die Problematisierung der Situation; für andere war es die Lautstärke vor Ort. Die Wahrnehmung der eigenen Sicherheit für dasselbe Szenario war bei verschiedenen Gruppen sehr unterschiedlich. Ich möchte nun beispielhaft den Einstieg in die vignettenbasierte Fokusgruppe in einem Polizeianhaltezentrum als Transkript vorlegen. In diesem Fall habe ich mit der Frage „Kennen Sie diese Situation aus dem Polizeianhaltezentrum?" gestartet.

Beispiel: Einstieg in die vignettenbasierte Fokusgruppe

I1: Ja, dann teile ich Ihnen gleich die Kärtchen aus. Bitte schön.

(Kärtchenverteilung und kurze Lesezeit)

I1: Beginnen wir vielleicht gleich einmal mit der Frage: Kennen Sie diese Situation aus dem PAZ?

B1: Natürlich.

H1: Ja, das finde ich okay.

H2: Nein.

I1: Wieso nicht? Können Sie uns das beschreiben?

H2: Ich bin erst seit einer Woche hier und in Einzelhaft, also aber freiwillig. Ich habe darum gebeten. Und, ja, ich habe diese Situation noch nicht erlebt.

B1: An und für sich wird von unserer Seite geschaut, dass diese zwei nicht unbedingt zusammenkommen. Das kann schon sein. Die Trafik ist dreimal in der Woche. Und im XX (anonymisiert) versuchen wir, so weit wie möglich, nicht, dass beides zusammentrifft. Also das Spazierengehen sollte nicht unbedingt während der Trafik-Öffnungszeiten sein.

B2: Was sich aber nicht immer vermeiden lässt.

B1: Also es sollte eher die Ausnahme sein als die Regel.

I1: Vielleicht können wir da gleich mit der Frage anschließen: Ist diese Situation ein Problem?

B1: Natürlich ist es ein Problem, weil ja gewisse Personen zur eben Trafik gehen wollen, weil sie sich Telefonwertkarten oder sonst irgendwas besorgen wollen. Und wenn ich in der gleichen Zeit das Spazieren ansetze, das eine Stunde dauert, verlieren die von dieser Zeit aufgrund der organisatorischen Dinge, weil wir eben vier Stockwerke haben oder drei eigentlich, die diesen Spazierhof nutzen, und eine Durchmischung nicht vorkommen sollte, sondern dass die Insass*innen der Stockwerke immer für sich spazieren gehen, dann würden die von diesem Stock-Spaziergang quasi was von der Zeit verlieren, wenn man das jetzt gleichzeitig … Daher wird immer versucht, dass man das abstimmt, dass der 2. Stock die Trafik macht, dann geht der 3. Stock spazieren. Oder der 3. Stock geht zur Trafik, und derweil geht der 2. Stock spazieren. Daher versucht man diese Problematik, wenn es organisatorisch natürlich möglich ist, sie nicht zusammenzubringen.

B2: Das wird im Vorfeld versucht zu klären.

B1: Wann geht wer spazieren und wann geht wer in die Trafik?

B2: Genau. Heute ist Trafik. Meistens fangen sie eh im 5. Stock an, glaube ich, nicht?

B1: Mhm. (bejahend)

B2: Im 5. Stock fangen sie meistens an, dann 2., 3., 4. Also da redet man sich vorher mit den Stockwerken ab. Also *das ist bekannt, ist alltäglich*, ja, so wie ich es zuerst gesagt habe, aber organisatorisch ist es für uns eigentlich kein Problem.

4.2 Das transformatorische Potenzial vignettenbasierter Fokusgruppen: Ein performativer Ansatz

Die Vignetten waren in meinen Forschungen nicht nur Dreh- und Angelpunkt der Datenproduktion, sondern auch Teil einer partizipativen Strategie (vor allem in der Polizeiforschung). Empirisch erhobene Situationsdefinitionen, die eine in Daten basierte Multiperspektivität bieten können, sollten in heterogenen Gruppen diskutiert werden, um gemeinsam Lösungen zu erarbeiten. Aus akademischer Sicht war dies gewinnbringend, weil Situationsdeutungen und daran anschließende Gruppenprozesse beobachtet werden konnten (zu einem interaktiven Verständnis von Interviews siehe etwa Deppermann 2013; Froschauer/Lueger 2020) – gerade auch dort, wo diese sonst empirisch schwer zugänglich sind. Gleichzeitig war das partizipative Forschen mit der Organisation Polizei insofern empirisch reichhaltig, als deren Mitglieder durch das Gewaltmonopol (vgl. Wimmer 2009) quasi professionalisierte Deutungsexpert*innen sind und professionalisierte Deutungsmuster vorbringen, die für eine sozialwissenschaftliche Analyse zugänglich und wertvoll sind. Peer Researching, d. h. das gemeinsame Forschen von Polizist*innen und Sozialwissenschaftler*innen in konkreten Situationen im öffentlichen Raum, ermöglichte einen innovativen Einblick in Deutungsroutinen – und deren Brüche. Der partizipative Forschungsweg ermöglicht hier eine ganz eigene Form der Befremdung (Amann/Hirschauer 1997), die ich methodisch nutzen wollte.

Partizipation mit den Mächtigen: Die „Study up"-Tradition

Die Erforschung von unsicheren Situationen (in wessen Definition auch immer) hat zumeist mit der Involvierung von Personen mit unterschiedlichen Machtpositionen zu tun: So hat ein Obdachloser eine andere soziale Machtposition als ein Polizist. Die Deutung ein und derselben Situation kann zugunsten der Deutung des Mächtigeren ausfallen, wenn etwa der Obdachlose der Ansicht ist, er dürfe hier sitzen, weil die Lüftung des Supermarktes Wärme verströmt, der Polizist jedoch meint, dass dies gegen das Bettelverbot verstoße. Schon Thomas (Thomas/Thomas 1970 [1928]) war sich dieser Tatsache bewusst und ein Teil seines Interesses an Situationen ist auch dem Interesse an Machtbeziehungen geschuldet, wie Echterhölter (2013) ausführt: „[V]ielmehr geht Thomas von Gruppierungen aus, die ihrer urbanen Umwelt als einem komplexen Geflecht unterschiedlicher Machtfaktoren ausgesetzt sind" (ebd., S. 21).

Die Erforschung von solchen Situationen in Projekten, die einen transformatorischen Anspruch reklamieren, bietet die Möglichkeit, unterschiedlich mächtige Personen an einen (Interview-)Tisch zu bringen. Die partizipative Forschung hat in diesem Zusammenhang vielfältige Handlungsoptionen aufgezeigt (vgl. Aldrige 2015; Bergold/Thomas 2012; Hugman/Pittaway/Bartolomei 2011; Tee/Lathlean 2004; Unger 2014; Wright/Unger/Block 2010), die wir uns zunutze machen konnten. In den vignettenbasierten Fokusgruppen zur Schubhaft brachten wir verschiedene, zum Teil gegensätzliche Parteien an einen Tisch (z. B. Häftlinge, Polizist*innen, hohe Beamt*innen, Sozialarbeiter*innen), um die auf der Grundlage des empirischen Forschungsmaterials entwickelten Situationen zu diskutieren. Keller (2011) hat in seiner wissenssoziologischen Diskursanalyse darauf hingewiesen, dass die Teilnahme an Diskursen ungleich verteilt ist. Bisher wenig beleuchtet ist, ob und wie man dieses Ungleichverhältnis auch wissenschaftlich adressieren kann.

> „Nicht jede(r) erfüllt die Kriterien und verfügt über die Ressourcen oder Kapitalien, die für die Teilnahme an einem spezifischen Diskurs vorausgesetzt sind. Und auch die spezifische Definition der Wirklichkeit, die ein Diskurs vorgibt, schließt andere Varianten aus. Insoweit verweist der Diskursbegriff unmittelbar auf den Begriff der Macht. Diskursstrukturen sind zugleich Machtstrukturen; diskursive Auseinandersetzungen sind machthaltige Konflikte um Deutungsmacht." (Keller 2011, S. 208)

Die heterogene Zusammensetzung von Gruppen kann – dieser Aspekt soll hier nicht unberücksichtigt gelassen werden – in manchen Forschungskontexten ethische Fragen aufwerfen (Miko-Schefzig/Reiter 2018). Diese Fragen stellen sich etwa in Bezug auf Abhängigkeitsverhältnisse und die Möglichkeit, „frei" zu diskutieren (Thielen 2009), die Grenzen des informierten Einverständnisses (Narimani 2014) sowie die Möglichkeit partizipativer Forschung in Machtverhältnissen (Götsch/Klinger/Thiesen 2012), kurz: in der empirischen Praxis (Unger/Dilger/Schönhuth 2016). Die Fokussierung auf die Polizei und das Plädoyer dafür, diese Organisation in partizipative Prozesse einzubinden, verlässt das gängige Verständnis partizipativer Prozesse als das Sichtbarmachen vulnerabler Gruppen (siehe Miko-Schefzig/Reiter 2018). Die Frage „Wessen Sicherheit?", die uns in der Fokusgruppe leitete, stellt jedoch a priori klar, dass die polizeiliche Sicht nur eine unter vielen ist. Dennoch halte ich den Einbezug der machtvollen Polizei für wichtig.

Zur Einordnung dieser Position können Befunde aus der Elitenforschung (etwa Conti/O'Neil 2007; Mills 1956) beitragen. Charles Wright Mills ging es darum aufzuzeigen, dass Macht in den unterschiedlichen Bereichen der USA in der Zeit nach 1945 stark zentralisiert in Eliten organisiert war.

> „What I am asserting is that in this particular epoch a conjunction of historical circumstances has led to the rise of an elite of power; that the men of the circles composing this elite, severally and collectively, now make such key decisions as are made; and that, given the enlargement and centralization of the means of power now available, the decisions that they make and fail to make carry more consequences for more people than has ever been the case in the world history of mankind." (Mills 1956, S. 28)

Conti/O'Neil (2007) weisen darauf hin, dass dieses Bestreben „to study up" durch die Globalisierung wieder einen Aufschwung erlebt hat. In ihrer Studie untersuchen sie die Diskussionskultur und das Agenda-Setting der mächtigen Welthandelsorganisation (WTO) und kommen hinsichtlich der Beforschbarkeit ihrer zentralen Forschungsfrage zu einem ähnlichen Schluss wie ich in meinen Studien zur Polizei.

> „The WTO is not a monolithic machine; rather, it is a complex social forum that is daily reproduced through the activities of many people engaged in WTO disputing for a variety of personal, professional, and organization rationales and goals. Some informants explained how they exercised their personal commitment to improving the situations of the Third World by working on the ‚inside' of the WTO." (ebd., S. 79)

Es entspricht auch meiner empirischen Erfahrung mit der Organisation Polizei, dass die Mitarbeiter*innen sehr unterschiedliche und auch gegenteilige Anliegen innerhalb eines scheinbar einheitlichen Leitbildes bzw. staatlichen Auftrages verfolgen können (zur ambivalenten Analogie zwischen Polizist*innen und Eliten siehe Miko-Schefzig/Reiter 2018). Es ist meines Erachtens auch kein Zufall, dass ich als Organisationsforscherin hier den klassischen Weg partizipativer Projekte verlasse. Wie bereits am Beginn des Buches dargelegt, folge ich einem interpretativen Organisationsverständnis. Dies bedeutet in erster Linie eine Unterscheidung zwischen formellen und informellen Organisationsstrukturen. Ich komme im Kapitel 5.1 darauf zurück. Die formellen Organisationsstrukturen sind dabei ein Rahmen. Ihre jeweilige Auslegung, d. h. die Aushandlung von Regeln und das Abstimmen von Handlungen, passiert aber eben in jeder Interaktion neu (Strauss 1978) und verfestigt oder ändert den formalen Rahmen.

„Intellectual activism“: Gerechtigkeit für wen?

Um das partizipative Potenzial meiner Studien im Allgemeinen und des Einsatzes von Vignetten im Konkreten besser einschätzen zu können, orientiere ich mich hinsichtlich der Einbindung von Forschungspartner*innen am Stufenmodell der Partizipation von Wright/Unger/Block (2010). Nach diesem Modell beginnt Partizipation nicht mit dem reinen Austauschen von Informationen (etwa in Interviews) (siehe für unser Schubhaftprojekt Stufe 3, Abbildung 7), sondern damit, dass die Forschungsteilnehmer*innen (gerade aus vulnerablen ruppen) in Entscheidungen das Forschungsprojekt betreffend (etwa in Auswertungsprozesse) einbezogen werden. Das Stufenmodell der Partizipation (Wright/Unger/Block 2010) ist meines Erachtens ein brauchbares Werkzeug, um den Grad der Einbindung aller Forschungspartner*innen (ob vulnerabel oder mächtig) in den Forschungsprozess zu bewerten und anzupassen. „Partizipation“, „Forschung“ und „Gerechtigkeit“ sind breite und unspezifische Begriffe, aber das Stufenmodell bietet konkrete Maßnahmen für die Teilnehmenden, um die eigenen Forschungsaktivitäten einzuordnen. Eines der Hauptargumente von Contus (2018) Konzept des „intellectual activism“ ist, dass die Arbeit von Akademiker*innen an ihrem Potenzial für soziale Gerechtigkeit gemessen werden sollte. Auch wenn ich diesen Anspruch als für zu hoch gegriffen empfinde, ist es eine berechtigte Frage, ob man nachvollziehbar belegen kann, dass Transformation – und sei sie auch noch so klein – durch ein Forschungsprojekt erreicht wurde. Ich möchte dies nun exemplarisch für das Projekt mit den Schubhäftlingen darstellen.

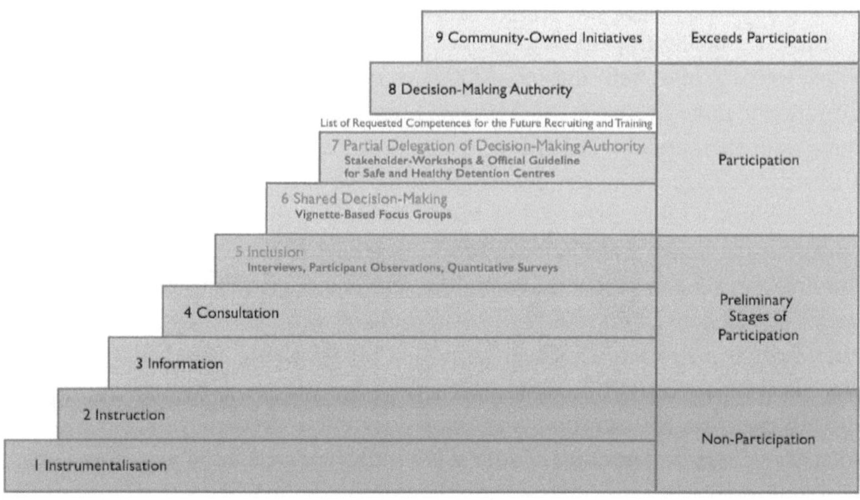

Abb. 7: Die Einordnung des Projekts zur Schubhaft innerhalb des Stufenmodells der Partizipation nach Wright/Unger/Block (2010)

Unser Projekt in der österreichischen Schubhaft beinhaltete mehrere Ansätze, die über die Erstellung eines reinen Forschungsberichts hinausgingen. Einer davon umfasste die vignettenbasierten Fokusgruppen. Ein weiteres Element bildeten drei Stakeholder-Workshops, die gegen Ende des Projekts organisiert wurden, um konkrete Lösungen für einige der in der Studie identifizierten Probleme zu finden. Die Workshops, an denen neben Mitarbeiter*innen des Innenministeriums auch weitere Expert*innen (z. B. Sozialarbeiter*innen, Migrationsexpert*innen sowie Mitarbeiter*innen weiterer Ministerien wie dem Gesundheitsministerium) teilnahmen, trugen dazu bei, Leitlinien für ein menschenrechtskonformes und gesundheitsförderndes Management der Schubhaft auf der Grundlage der unterschiedlichen Perspektiven und Fachgebiete der Interviewten zu entwickeln. Die Ergebnisse der Fokusgruppen, einschließlich der Perspektiven und der gemeinsamen Arbeit mit den in dieser Phase beteiligten Inhaftierten, waren ein Hauptthema der späteren partizipativen Stakeholder-Workshops. Diese Workshops wurden in einem offiziellen Leitfaden für sichere und gesunde Haftanstalten zusammengefasst, der den verantwortlichen politischen Akteur*innen in Österreich vorgelegt wurde. Darüber hinaus wurde im Rahmen des Projekts auf Basis der empirischen Befunde – auch aus Sicht der Häftlinge – eine Liste von geforderten Kompetenzen für die zukünftige Rekrutierung und Ausbildung von Polizist*innen und anderen Mitarbeiter*innen in den Haftanstalten entwickelt.

Mit unseren empirischen Methoden (Interviews, teilnehmende Beobachtungen etc.) erreichten wir nur die Vorstufen der Beteiligung (Stufe 5). Inhaftierte und Polizeibeamt*innen wurden einbezogen, waren aber an wichtigen Entscheidungen nicht beteiligt. Die vignettenbasierten Fokusgruppen können als erster Schritt zur Beteiligung an der gemeinsamen Entscheidungsfindung (Stufe 6) gesehen werden. In diesem Zusammenhang verstehen wir unter Entscheidungsfindung nicht unbedingt die Beschränkung auf den konkreten Akt der Entscheidung oder den tatsächlichen Moment, in dem die Entscheidung getroffen wird. Vielmehr schlagen wir vor, die Prozesse einzubeziehen, die der zu treffenden Entscheidung vorausgehen und sie beeinflussen. Es geht also darum, in der Phase vor der eigentlichen Entscheidungsfindung gehört zu werden – mit der Chance, die Entscheidungen zu beeinflussen, die schließlich von den dazu Berechtigten getroffen werden. In diesem Sinne waren die vignettenbasierten Fokusgruppen ein diskursiver Prozess der Lösungsfindung für problematische Situationen, der sich als einflussreich für die späteren Stakeholder-Meetings erwies.

Mit den drei Stakeholder-Workshops, die zur Erstellung offizieller Richtlinien für sichere und gesunde Haftanstalten führten, erreichten wir echte Partizipation, indem wir eine partielle Entscheidungsbefugnis (Stufe 7) für die Inhaftierten, die Polizeibeamt*innen und uns als Wissenschaftler*innen erhielten. Alle drei Perspektiven wurden in ein Papier für Entscheidungsträger*innen aufgenommen. Nach Auskunft des Bundesinnenministeriums sind viele der in unserer Studie angesprochenen Aspekte – wie zum Beispiel die Information der Inhaftierten über ihren rechtlichen Status und den Zeitpunkt der Abschiebung, ihre Beschäftigungsmöglichkeit und die Prävention von Krankheiten, Selbstverletzungen und Suiziden – in der Praxis aktuell. Das vielleicht erfolgreichste Ergebnis war unsere Liste mit den geforderten Kompetenzen für die künftige Rekrutierung und Ausbildung von Mitarbeiter*innen in den Haftanstalten. Da die für die ergänzende Ausbildung zuständige Person in allen Phasen des partizipativen Projekts sehr eng eingebunden war (sogar in die Diskussion der empirischen Ergebnisse), wurde die Perspektive der Inhaftierten für die Ausbildung der Polizeischüler*innen entscheidend. Diesen Prozess sehe ich zwischen den Stufen 7 und 8, da die geforderten Kompetenzen vollständig in den Rekrutierungsprozess der Haftanstalt implementiert wurden. Die Chancen liegen auf der Hand. Gleichzeitig wird aber auch deutlich, dass die vignettenbasierten Fokusgruppen nur auf der ersten Stufe der Partizipation liegen und ihre Stärken erst im Gesamtverbund unterschiedlicher Schritte eines Projektes ausspielen.

Am Diskurs partizipieren

Das zentrale Erkenntnisinteresse in meinen Forschungen zum öffentlichen Raum, was nämlich eine unsichere Situation ausmache, sollte nicht ohne eine aktive Sprecher*innenposition der marginalisierten bzw. vulnerablen Gruppen, etwa Suchtkranke oder Obdach- bzw. Wohnungslose, zustande kommen. Die Situationsanalyse im Clarke'schen Verständnis (2012) fordert explizit ein, sogenannte „fehlende Positionen", also etwa Positionen marginalisierter Gruppen, in den Blick zu nehmen. Auch die wissenssoziologische Diskursanalyse mit ihrer Verwurzelung in der Foucault'schen Machttheorie ist ganz zentral auf die Machtwirkungen von Diskursen fokussiert.

> „Die sozialen Akteure, die einen Diskurs artikulieren, schaffen eine entsprechende Infrastruktur der Diskursproduktion und Problembearbeitung, die mit dem Begriff des *Dispositivs* bezeichnet werden kann. Dispositive sind die tatsächlichen Mittel der Machtwirkungen eines Diskurses." (Keller 2007, § 45)

Dispositive sind Materialisierungen von Diskursen. Videokameras in öffentlichen Räumen gehören genauso dazu wie Aushänge über Schutzzonen am Rande eines Kinderspielplatzes. Ich habe im Kapitel 3.1 gezeigt, wie diese Elemente in Vignetten eingebaut werden können. In diesem Sinne ist die methodische Kombination aus Situationsanalyse, wissenssoziologischer Diskursanalyse und partizipativer Forschung nicht nur für wissenssoziologische Fragestellungen allgemein, sondern speziell auch für machttheoretische Fragestellungen ein tragfähiges Fundament.

Die Teilhabe an Diskursen erreichten wir in den unterschiedlichen Projekten mit der von uns initiierten Teilnahme an Debatten – und eine solche kann zunächst auch mit banalen Mitteln ermöglicht werden: Zur Vorbereitung jeder Fokusgruppe druckten wir eine oder zwei Vignetten auf Karten (in den jeweiligen Sprachen der Teilnehmenden) aus, die wir zu Beginn der Sitzung austeilten. Mithilfe der Vignetten konnten wir dann Diskussionen zwischen den Inhaftierten, dem Personal und anderen Interessengruppen in den Fokusgruppen beginnen. Ziel war es, zumeist unter Anwesenheit von Dolmetscher*innen, unterschiedliche Meinungen über problematische Situationen offenzulegen und schließlich Lösungsmöglichkeiten zu finden. Mit der vignettenbasierten Fokusgruppe haben wir versucht, das transformatorische Potenzial in der Forschungssituation selbst anzustoßen. Wir haben diese Methode so entwickelt, dass sie einen geschützten, methodisch abgesicherten Raum bietet, um heterogene Gruppen zu einem Thema zu befragen und das Machtgefälle zwischen den Teilnehmer*innen in die Forschungssituation sowie in die Auswertung einzubeziehen und einen achtsamen Umgang mit dieser strukturellen Ungleichheit zu entwickeln.

Partizipative Forschung mit vulnerablen Gruppen (siehe etwa Aldrige 2015; Hugman/Pittaway/Bartolomei 2011; Tee/Lathlean 2004) bietet die Chance, Zielsetzungen der partizipativen Forschungsstrategie im besten Sinne einzulösen. In meinen empirischen Projekten gab es keine vorab festgelegten vulnerablen Gruppen; diese wurden jeweils auf Basis der einzelnen Orte bzw. der problematisierten Situationen an den Orten identifiziert. So waren es in Traiskirchen die Asylwerber*innen, im Innsbrucker Rapoldipark die Kinder, am Wiener Praterstern die Obdach- oder Wohnungslosen etc. Unser Anliegen war es, diesen Positionen Gehör zu verschaffen. Der Anspruch der Strategie ist es, Partizipation in einem doppelten Sinn zu ermöglichen: „mehr Teilhabe an der Gesellschaft durch Teilhabe an der Forschung" (Unger 2014, S. 1). Dieser Ansatz entspricht der wertorientierten Ausrichtung partizipativer Forschung, die das Empowerment marginalisierter Gruppen erreichen will (Bergold/Thomas 2012). Die Idee ist es, marginalisierten und vulnerablen Gruppen als Ko-Forschenden eine Stimme zu verleihen, die in der Gesellschaft sonst wenig Gehör findet (Unger 2014).

„Change agents" in Organisationen

Wenn man in einem Forschungsprojekt sowohl mit Angehörigen vulnerabler Gruppen als auch mit Angehörigen mächtiger Institutionen wie der Polizei zusammenarbeitet, muss Veränderung auf zwei Ebenen gedacht werden. Denn Empowerment kann durch die Projektergebnisse nicht nur für die vulnerable Gruppe angestoßen werden. Auch die Polizist*innen, die ihr Wissen in die Praxis und die Ausbildung mitnehmen, stellten sich im Laufe der Forschung als Gruppe heraus, die in der Organisation Polizei selbst wenig Gehör findet und die sich eine Veränderung der Situation, angepasst an ihre praktische Perspektive, wünscht. Zu einem ähnlichen Ergebnis kam ein Forschungsprojekt im Kontext des Haftwesens, das in Gefängnisbeamt*innen „change agents" sieht, die in der partizipativen Forschung ihre Position in der hierarchischen Organisation nutzen (Miko-Schefzig/Reiter 2018, § 27; Penrod et al. 2016). Partizipation bedeutet in meinen Forschungen daher zweierlei: zum einen den aktiven Versuch, marginalisierte und vulnerable Gruppen des öffentlichen Raums, etwa Suchtkranke, einzubeziehen. Partizipation bedeutet in diesem Verständnis also, den unterschiedlichen Teilnehmenden am Forschungsprojekt Möglichkeiten zu bieten, ihre Sichtweisen einzubringen und diese für andere nachvollziehbar zu machen. Im Gegenzug müssen partizipative Projekte verantwortungsvoll darstellen, warum jemand oder eine Gruppe nicht eingebunden werden konnte; zum anderen die konkrete Einbeziehung der Organisation Polizei in (i) die Erstellung des Forschungsdesigns sowie (ii) die Implementierung der Ergebnisse aus dieser Forschung in die polizeiliche Lehre. Angehende polizeiliche Führungskräfte wurden in einer Methodenlehrveranstaltung im Bachelor-Studiengang „Polizeiliche Führung" zu Peer Researcher*innen ausgebildet und entwickelten gemeinsam mit den Sozialwissenschaftler*innen Schulungsmaterialien für die polizeiliche Grundausbildung.

Wenn wir also in den Forschungsprojekten partizipativ sowohl mit den Polizist*innen als auch den marginalisierten Gruppen zusammenarbeiteten, dann war es das Ziel, „den Schnittpunkt von Technologien der Macht und des Selbst" (Geimer/Amling/Bosančić 2019, S. 5) mittels transformatorischer Forschung greifbar zu machen, d. h. in logischer Konsequenz, die Partizipierenden in die Analyse „der Anwendung dieses Wissens auf sich selbst" (ebd.) einzubinden.

Das performative Potenzial von Vignetten

Ich möchte nun den transformatorischen Charakter der vignettenbasierten Fokusgruppe unter einer weiteren Perspektive diskutieren. In unserer Studie in den Schubhaftzentren analysierten wir unter Bezugnahme auf Judith Butlers (2014) verknüpfte Konzepte von Performativität und Verwundbarkeit die Beziehung zwischen den beiden Hauptgruppen innerhalb der Zentren: den Gefangenen und den Polizeiangehörigen (für einen wesentlichen Beitrag zur Verbindung interpretativer Theorie mit den Werken Judith Butlers siehe Bosančić 2019). Wir zeigten, wie die Methode der vignettenbasierten Fokusgruppen als performativ in dem Sinne verstanden werden kann, dass der Forschungsprozess selbst die empirische Situation verändert hat. In diesem Fall veränderte der Austausch von Perspektiven zwischen den Polizeibeamt*innen und den Inhaftierten in den Fokusgruppen die Einstellungen beider Gruppen zueinander. Insofern ist die Methode der vignettenbasierten Fokusgruppe ein Beispiel für das Potenzial performativer Forschung – nicht nur zur Untersuchung von Machtasymmetrien, sondern auch zur Veränderung von Beziehungen auf interaktiver Ebene (etwa dem

Umgang mit den tatsächlichen Regeln und Routinen), trotz struktureller Machtasymmetrien und gängiger Dichotomien (Polizist*innen vs. Schubhäftlinge).

In den Fokusgruppen diskutierten Häftlinge und Mitarbeiter*innen gemeinsam konkrete problematische Szenarien, die innerhalb der Schubhaftzentren regelmäßig auftraten. Wir bezeichneten diese Phase der Forschung als performativ (Cabantous et al. 2016; Harding/Ford/Lee 2017) in dem Sinne, als die Durchführung der Forschung bereits die empirische Situation veränderte. Wenn wir argumentieren, dass unsere Forschung Aspekte der Organisation der Schubhaftzentren performativ verändert hat, möchte ich zunächst erklären, was wir in diesem Zusammenhang unter „Situationen" bzw. unter „Performativität" verstehen.

Performativität verstehe ich in Judith Butlers Sinne. Ausgehend von Austins (1962) Konzept der Performativität und Derridas (2004) Konzept der Iterativität, hat Butler in ihren frühen Arbeiten, die sich hauptsächlich mit den theoretischen Implikationen für die Geschlechterforschung befassen, beide Begriffe kombiniert. Performativ sind – in Butlers Verständnis – sich wiederholende (sprachliche) Handlungen, die eine produktive und generative Wirkung auf die soziale und symbolische Realität entfalten. Für sie ist etwa Geschlecht daher kein ontologischer Status, sondern Ergebnis diskursiver Produktion und ihrer Iteration. In Vorwegnahme der Debatte darüber, „how matter matters" (Barad 2003), theoretisierte Butler Performativität nicht nur als sprachlichen Akt, sondern auch als materielle, körperliche Praxis. Jemanden zum Beispiel als „Mädchen" zu bezeichnen, ist nicht nur eine Etikettierung, sondern ein Akt, der selbst materielle Konsequenzen nach sich zieht – auf die Kleidung, die Frisur, die Wahl des Spielzeugs –, die wiederum Teil des performativen Spiels dessen werden, was „ein Mädchen sein" sozial und symbolisch bedeutet (Butler 1990).

Die Verbindung zur vignettenbasierten Fokusgruppe liegt in Butlers Fokus auf der Iteration.[9] Wie Cabantous et al. (2016) zusammenfassen:

> „Iterability, or ‚constantly repeated ‚acts' (Butler 1993, p. 12) is fundamental to performativity: it is through iterability that the appearance of something that seems to precede language is constituted; but it is also through the inevitable failure to repeat acts in precisely the same way that possibilities for change appear." (ebd., S. 201)

Wenn ich über Situationen innerhalb der Schubhaftzentren spreche, meine ich genau diese wiederholten täglichen Routinen (d. h. konkrete Interaktionen zwischen Gefangenen und Polizist*innen), zum Beispiel die Verteilung von Lebensmitteln oder die Schließung der Zellen am Abend. In diesem Verständnis ist die vignettenbasierte Fokusgruppe also allein schon dadurch ein Bruch in der Itera-

9 Im Englischen iterability, wörtlich übersetzt „Iterationsfähigkeit" oder, weniger sperrig: die Fähigkeit zur Wiederholung; die deutsche Übersetzung bleibt aber in jedem Falle hinter dem englischen Original zurück.

tion von Schubhaft, weil Schubhäftlinge und Beamt*innen in eine für sie neue und überraschende Situation gebracht werden. Ein wichtiger Aspekt ist, dass diese Interaktionen in konkreten Situationen in einer bestimmten materiellen Umgebung stattfinden. Oder, anders ausgedrückt: Die Interaktionen werden nicht nur durch menschliche Interaktion strukturiert, sondern auch durch Dinge (Blumer 1980), die diese Interaktionen prägen und dadurch das Machtverhältnis zwischen den Gefangenen und den Polizeibeamt*innen reproduzieren.

Wenn zum Beispiel ein Gefangener von einem Polizeibeamten eine bestimmte Mahlzeit erhält, ist das nicht nur der offensichtliche Akt, jemandem, der Hunger hat, etwas zu essen zu geben. Diese Handlung findet in einer Zelle statt, in der der Häftling warten muss, und nicht etwa in einem Restaurant. Darüber hinaus gibt es keine Speisekarte; vielmehr gibt der Polizeibeamte eine festgelegte Mahlzeit zu einer festgelegten Zeit (nicht unbedingt dann, wenn der Häftling hungrig ist) in einem geschlossenen Raum. Kurz gesagt: Alle diese Situationen und Interaktionen reproduzieren die Positionen innerhalb der Organisation Schubhaft – allen voran die offensichtlichste Dichotomie zwischen Häftlingen und Polizeibeamt*innen. In ihrer frühen Arbeit betonte Butler die Tatsache, dass die Iteration ein Kernstück potenziellen Wandels ist. Gerade deshalb meine ich, dass tägliche Routinen ein interessanter empirischer Fokus sind, um diese Iteration zu untersuchen. Die vignettenbasierte Fokusgruppe ist dafür ein geeignetes methodisches Werkzeug für einen ersten Impuls. Die gemeinsame Teilnahme an einem Forschungsprojekt, das Sitzen in einem gemeinsamen Raum, die Betrachtung und Diskussion der Vignette sowie das gegenseitige Zuhören bedeuten in diesem Sinne eine Brechung gewohnter Routinen.

Der Grund dafür, unsere empirische Arbeit theoretisch nicht nur innerhalb eines transformatorischen, sondern auch mit einem performativen Ansatz zu rahmen, lag darin, dass wir zu Beginn unserer Forschung sehr schnell erkannten, dass die herkömmliche dichotomisierte Konzeptualisierung von Polizist*innen als mächtige Gruppe und Häftlingen als verletzliche Gruppe äußerst instabil war. Dies ist insofern wichtig zu betonen, als Cabantous et al. (2016) richtig argumentieren, dass sehr oft auf Konzepte der Performativität Bezug genommen wird, ohne die politische Implikation dieser Konzepte zu problematisieren. In dieser Hinsicht glaube ich, dass unsere Forschung nicht nur die tägliche Routine gestört hat, sondern durchaus auch als politische Intervention gelesen werden kann. Wir haben empirisch gesehen, dass Polizeibeamt*innen in ihrem Handeln ambivalent und unsicher waren und dass diese Ambivalenz ein Faktor sein könnte, der Machtverhältnisse zumindest situativ brechen kann. Zugleich sahen wir, dass Häftlinge in konkreten Situationen, d. h. auf der Interaktionsebene, eine gewisse Macht haben konnten, auch wenn sie im Gesamtkontext, d. h. auf struktureller Ebene, relativ machtlos waren. Sie konnten bestimmte Situationen beeinflussen, indem sie Dinge taten, die gegen die Regeln der Organisation verstießen. Sie hatten zum Beispiel das Potenzial, Situationen zu eskalieren: Wenn ein Häftling verärgert war und nicht beruhigt werden konnte, führte dies zu einer schwierigen und riskanten Situation nicht nur für ihn selbst, sondern auch für das Personal. Für das Personal bedeutete eine Eskalation Stress und schwer lösbare Situationen, die es unbedingt zu vermeiden versuchte. Diese Dynamik wurde nur sichtbar, weil wir Schubhaftzentren situativ adressierten:

Die Vignetten ermöglichten es, auf sehr konkreter Ebene die Sinnebenen unterschiedlicher Akteur*innen in Situationen zu rekonstruieren und dabei gleichzeitig neue Handlungsoptionen zu eröffnen. Spradley fasste diesen Aspekt wie folgt zusammen: „Every social situation can be identified by three primary elements: a *place*, *actors*, and *activities*. In doing participant observation you will locate yourself in some place" (Spradley 1980, S. 39). Diese scheinbar offensichtliche Definition ist in dieser besonderen Forschungskonstellation nützlich, da es sich bei Schubhaftzentren um klar abgegrenzte soziale Räume handelt. Die Absicht, Schubhaftzentren auf diese Weise zu konzeptualisieren, besteht darin, die Beteiligung der Gefangenen – wie bereits weiter oben dargelegt – in einem doppelten Sinne zu erleichtern: (i) größere Beteiligung an der Gesellschaft durch (ii) Beteiligung an der Forschung (Unger 2014, S. 1).

Macht und Verwundbarkeit mit Vignetten adressieren: „Moments of possibility"

Das Zusammenbringen von Schubhäftlingen mit Beamt*innen in unserer Forschung zur polizeilichen Schubhaft sollte aber auch Räume eröffnen, die Begegnungen ermöglichen und Akteur*innen einer Situation in die Lösung möglicher Konflikte einbinden. Routledge/Derickson (2015) fassen diesen Aspekt so zusammen:

> „Beyond the mobilization of knowledge and the generation of specific resources, new spaces of encounter can utilize research methods and relational ethics of struggle (Routledge, 2002) to resource the practice of prefiguration: bringing the desired future into being by creating something that would not otherwise exist and generating moments of possibility for the nurturing of solidarity (Khasnabish and Haiven, 2012)." (ebd., S. 400)

Das zentrale Ziel der Fokusgruppen in den Schubhaftzentren bestand darin, herauszuarbeiten, was in diesen „moments of possibility" im Rahmen der moderierten Begegnungen zwischen den Geflüchteten und der Polizei möglich war, d. h. die Bedeutung dieser Momente für die Wechselbeziehungen zwischen Verwundbarkeit, Partizipation und Solidarität in Organisationen zu diskutieren. Genauer gesagt, fragten wir nach dem Potenzial von transformatorischer Forschung zur Verbesserung der Beziehungen und der Kommunikation zwischen der Polizei und Häftlingen und nach dem Management von Schubhaftzentren im Allgemeinen. Dies wird in der angloamerikanischen Organisationsforschung seit Kurzem als „intellectual activism“ (Contu 2018, 2019) diskutiert.

Die bisherigen Überlegungen führen zur Frage, wie Macht und Verwundbarkeit als zusammengehörig betrachtet werden können. Hier beziehe ich mich auf Judith Butlers (2014) Konzept der „vulnerability“, in dem sie Gruppen nicht als verwundbar an sich, sondern als verwundbar in Bezug auf die Gesellschaft definiert. Für Butler ist der verletzliche oder marginalisierte Körper nicht als ein individuelles Problem zu verstehen, sondern als physischer Bezug auf kollektive, politische und soziale Phänomene und Machtstrukturen. Die zentrale These dieses Verwundbarkeitskonzeptes ist, dass es einen Zusammenhang zwischen Körpern, politischen Koalitionen (nicht parteipolitisch gemeint) und Verwundbarkeit gibt: „*If we have to have a definition, it will depend, rather, on being able to think vulnerable and agency together*“ (Butler 2014, S. 108). Diese Kombination ist kontraintuitiv, aber tatsächlich will Butler Verletzbarkeit aus dem Opferdiskurs herausnehmen und auf die performativen Möglichkeiten verweisen, die sich aus verletzlichen Körpern (Butler spricht von Körpern und nicht etwa von Individuen) ergeben. Butler theoretisiert über die Aneignung des Raumes (am Beispiel der Occupy-Bewegung) in dem Sinne, dass sich manche Körper problemlos (in Schubhaftzentren, z. B. Polizist*innen) und andere nicht (z. B. Häftlinge) durch konkrete Räume und somit auch in Situationen bewegen können, was für sie die zentrale Unterscheidung zwischen Verletzlichkeit und Nicht-Verletzlichkeit ausmacht. Die Möglichkeit der Aneignung des Raumes ist eine Grundvoraussetzung für vulnerable Körper, damit die Verbindung von Verletzlichkeit und Handlungsfähigkeit aktiviert werden kann. Butler beschreibt den verletzlichen Körper als performatives Potenzial. Sie benutzt dafür das Beispiel der Hungerstreiks:

> „Prisons depend upon the successful regulation of human acts and movements, the reproduction of the body of the prisoner, and when that regulatory power fails, as it does, for instance, in the hunger strike, so too does the prison lose its capacity to function.“ (Butler 2014, S. 107)

Mein Anliegen war es, Butlers Konzept – die Möglichkeit, erfolgreiche Routinen menschlicher Handlungen und Bewegungen zu durchbrechen – methodisch anzuwenden. Wir taten dies, indem wir die konventionell mächtigen Körper der Polizeibeamt*innen mit den konventionell verletzlichen Körpern der Gefangenen innerhalb des Forschungsprojekts in einer neuen und für beide überraschenden Situation zusammenführten. Diese wurde etwa von uns so gerahmt, dass wir Getränke und kleine Snacks mitbrachten. Bevor wir das Gespräch starteten, entstand Small Talk, der interessanterweise oftmals bereits in den Kern der Anliegen beider Gruppen führte. So schauten sich etwa ein Stockwerksbeamter und ein Insasse an, als sie frischen Kaffee tranken. Sie lachten und meinten: „… das ist wohl für uns beide jetzt seit Langem der beste Kaffee". Dabei wandten sie sich einander zu und berührten einander kurz freundschaftlich. Aus diesem Start heraus begannen wir dann das formelle Gespräch, wobei der Inhaftierte sich wieder zum Stockwerksbeamten wandte und anmerkte, dass er „keine Ahnung" habe, „was jetzt auf mich zukommt". Der so Angesprochene lachte und erwiderte: „Da geht es mir aber genauso. Aber bitte erzähle die Wahrheit, auch wenn ich jetzt da bin, wir wollen beide, dass sich die Situation ändert." Nicht jede der Forschungssituationen hatte den entspannten Charakter, den dieses Beispiel suggeriert. Auch muss darauf hingewiesen werden, dass die Haftsituation per se beide Gruppen bis zu einem gewissen Grad zwingt, gemeinsame Interessen zu verfolgen. Was uns jedoch überraschte, war das durchgehend geteilte Anliegen, die Haftbedingungen zu reflektieren und zu verbessern (Miko-Schefzig/Reiter 2018, § 37). Auch wenn unsere überraschende Situation (den Gefangenen innerhalb einer Forschungsmethode eine gleichberechtigte Stimme zu geben) nicht so dramatisch war wie in Butlers Beispiel der Hungerstreiks (die in Schubhaftzentren jedoch immer wieder stattfinden), so ist das Prinzip hinter beiden vergleichbar: aus der erwarteten Rolle und Routine herauszutreten und die übliche Alltagspraxis in der Schubhaft zu stören.

Unsere Forschung hat gezeigt, dass der Alltag in einem Schubhaftzentrum zwar stark formalisiert ist, die eigentliche Routine jedoch eine Interpretation dieser Regeln ist. Die Regeln werden von den beteiligten Personen reproduziert und ständig neu verhandelt (siehe Froschauer 2012; Strauss 1993). In unserem interpretativen, konstruktivistischen Verständnis von Organisationen (siehe z. B. Froschauer 2012; Heracleous/Barrett 2017; Lueger et al. 2005) haben wir die Organisation von Schubhaft nicht im Sinne von institutionalisierter Macht auf die Behörden oder die Polizei beschränkt. Der konstruktivistische Ansatz geht davon aus, „that people (including researchers) construct or interpret the realities in which they participate through their own situated perspectives and with the help of their repertoires of social knowledge and meaning making" (Keller/Clarke 2018, S. 55). In diesem Verständnis wird der organisationale Alltag sowohl von den Beamt*innen als auch von den Gefangenen hauptsächlich durch ihre Interaktionen geschaffen. Der Vorteil der vignettenbasierten Methode besteht nun darin, dass die Teilnehmer*innen nicht mit Einzelfragen, sondern mit Beschreibungen von konkreten Situationen konfrontiert werden. Die Verwendung von Vignetten hat den Vorteil, dass für die Fokusgruppe ein Umfeld geschaffen wird (Jenkins et al. 2010), in dem die Teilnehmer*innen emotional oder moralisch sensible Themen diskutieren können. Durch den Einsatz der Vignetten wird erreicht, was, wie Bergold/Thomas (2012) argumentieren, in der partizipativen Forschung so wichtig und so schwierig ist: nämlich, dass Menschen sich gegenseitig Dinge erzählen, für die eine Atmosphäre des Vertrauens erforderlich ist. Besonders in einer Haftanstalt ist es schwierig, Vertrauen zwischen Gruppen in einem asymmetrischen Machtverhältnis aufzubauen. Die Vignetten nehmen den Teilnehmer*innen den Druck, indem sie die Aufmerksamkeit auf eine hypothetische – aber realistische – Situation lenken.

Der Ansatz von Butler (2014) ist nützlich, wenn wir das performative Potenzial dieser Art von partizipativer Forschung betrachten. Ihr Vulnerabilitätskonzept geht aus der Analyse hervor, inwieweit Vulnerabilität performativ genutzt werden kann – d. h. bis zu welchem Grad die Verwundbarkeit einer Person auch ermächtigende Wirkung haben kann. Butler (2014, S. 107) spricht von „bodily enactment", einem Konzept, das für die vignettenbasierte Fokusgruppe durchaus passend erscheint: Die Tatsache, dass Polizist*innen, Häftlinge und Sozialarbeiter*innen an einen Tisch gebracht werden können, schafft eine Forschungssituation, die der hierarchischen Struktur, die die inhaftierte Person üblicherweise erfährt, diametral entgegengesetzt ist. Vielleicht könnte man sich Butler anschließen, indem man betont, dass die Forschungssituation „enacts what it seeks to show; and to resist" (ebd.).

Abschließend kann man festhalten, dass die performative Perspektive durchaus in der Tradition der Aktionsforschung (Lewin 1947) zu sehen ist. Die Unterscheidung zwischen „knowledge for action" und „knowledge for understanding" (Cornwall/Jewkes 1995) ist für dieses Verständnis hilfreich. Im kommenden Kapitel präsentiere ich einen weiteren Aspekt, der mit partizipativen und performativen Ansätzen kombiniert werden kann: das Rollenspiel (siehe etwa Stahlke 2020).

4.3 Die schriftliche Vignette als Basis für Rollenspiele mit Akteur*innen

Bisher habe ich einen sehr klassischen Einsatz von Vignetten beschrieben, d. h. konkret, dass die typisierte Situation schriftlich vorliegt und die Fokusgruppe in einem Setting abgehalten wird, in dem die beschriebene Situation aus- und weiterdiskutiert wird. Es handelt sich also um eine verschriftlichte Form der Situations-Typisierung und eine sprachorientierte Form der Aushandlung in einem Interviewkontext.

An dieser Stelle möchte ich jetzt den alternativen Einsatz der Vignetten im Kontext von Lehrveranstaltungen vorstellen, den wir in einem Forschungsprojekt mit Polizeischüler*innen gewählt haben. Gemeint ist sowohl das wirkliche Spiel (das über eine Interviewsituation hinausgeht) als auch der Rollenwechsel. Dabei forderten wir die Teilnehmer*innen auf, ihre Rollen zu tauschen und sich aktiv in die Lage eines anderen Menschen zu versetzen. Wie diese Rollenspiele konkret aussehen, beschreibe ich an einem anderen Beispiel im nächsten Kapitel.

Beispiel: Die Vignette und ihr Einsatz bei Polizeischüler*innen

In dem Projekt PARSIFAL wurden die Vignetten nicht nur als Teil sozialwissenschaftlicher Datenproduktion, sondern auch mit dem Ziel, gemeinsame Lösungen für Problemszenarien zu finden, eingesetzt. Die Ergebnisse des Forschungsprojektes sollten aber auch für die alltäglichen Aufgaben polizeilicher Arbeit einen Nutzen haben. Aus diesem Grund wurden die Vignetten als Schulungsmaterialien in der polizeilichen Grundausbildung eingesetzt. Mehrwert war hier der Einsatz der Vignetten im prozessorientierten Lernen von Polizeischüler*innen. Damit ist gemeint, dass Polizist*innen weniger theoretisches, abstraktes, sondern mehr praxisrelevantes, anwendungsorientiertes Wissen in konkreten Situationen, also in einem Prozess, lernen sollen. Polizist*innen in der Grundausbildung sollten dabei verschiedene Rollen der Vignette einnehmen und diskutieren, wie sich die Situation weiterentwickelt; in einem zweiten Schritt sollten sie besonders auf die möglichen Handlungsoptionen für Polizist*innen reflektieren. Geplant war der Einsatz der Vignette in einer klassischen Fokusgruppensituation, wobei die Teilnehmenden alle homogen Polizeischüler*innen waren.

In der Reflexion mit den Lehrenden berichteten diese, dass die Schüler*innen dieser Klasse „hochmotiviert" die Aufgabenstellungen im Lehrkonzept durchgeführt und in Abstimmung mit den Vortragenden die dafür vorgesehene Zeit (sechs bis acht 50-minütige Lehreinheiten) auf zwei Tage ausgedehnt hatten. Die Schüler*innen wandelten dabei den Einsatz der Vignette interessanterweise selbstständig ab. Sie nahmen unterschiedliche Rollen ein; diese wollten sie dann länger ausdiskutieren, etwa indem sie eigene Erfahrungen einbrachten („Ich war selbst einmal Flyerverteiler, du übersiehst völlig, wie es einem in dieser Situation geht"). Statt ausschließlich zu diskutieren, kam der Wunsch auf, zunächst die verschiedenen Rollen zu reflektieren und diese dann auf Flipcharts festzuhalten (siehe Abbildung 8).

Die lange Dauer, die die Besprechung der Vignette einnahm, deutet darauf hin, dass die Vignette – obwohl als beschriebene Situation sehr kurz gehalten – eine hohe Anschlussfähigkeit an die Lebenswelt der Polizist*innen bot. Darüber hinaus faszinierte die Schüler*innen die Methode an sich (und deren Potenziale, die sie als Anregung an das sozialwissenschaftliche Team rückmeldeten). Zudem meinten sie, dass sie die Beschäftigung mit der Perspektive anderer Personen interessierte. In der Reflexion mit polizeilichen Führungskräften und dem Lehrkörper der Grundausbildung wurde festgehalten, dass der Einsatz bzw. die Gestaltung der Vignette nicht nur im Vergeben verschiedener Rollen, sondern in einem wirklichen Rollenspiel liegen könnte. Auch die Visualisierung der Vignette wurde angesprochen.

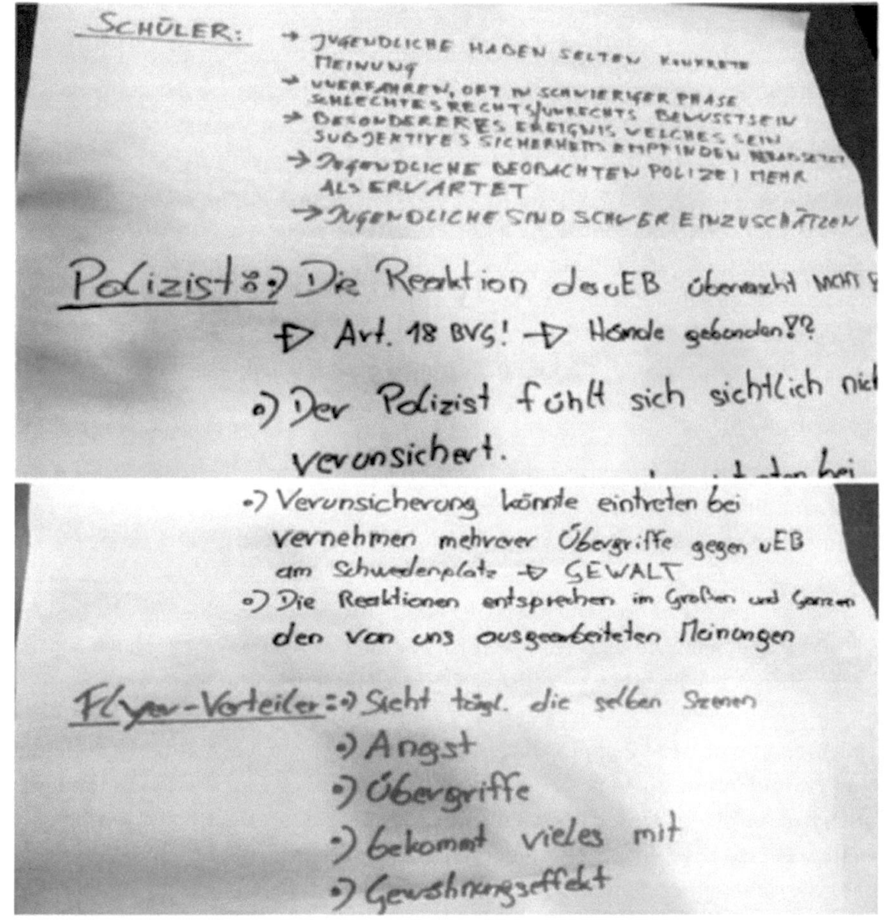

Abb. 8: Polizeischüler*innen arbeiten mit den Vignetten

Nagler (2002) unterscheidet für diese Rollenspiele in der Organisationsforschung das angeleitete und das spontane Rollenspiel (siehe auch Stahlke 2020). Im angeleiteten Rollenspiel gibt es vorgegebene Rollen, die entweder selbst gestaltet werden oder für die es in irgendeiner Form Anweisungen gibt. Die vignettenbasierte Fokusgruppe ist eine solche angeleitete Version, da die Rollen bzw. die Problematiken einer bereits bestehenden Situation dargestellt werden sollen. Das spontane Rollenspiel ergibt sich aus einer Fragestellung, die aus einem Forschungszusammenhang heraus entstanden ist; das bedeutet, dass auch die Rollen und Situationen aus diesem entstehen. Gleichzeitig ist aber auch denkbar, dass eine Mischung dieser beiden Versionen sinnvoll ist, etwa wenn man eine neue Rolle für eine bestehende Situation andenkt, die im Rollenspiel ebenfalls vorkommen soll. Aber nicht nur mit den Polizeischüler*innen, sondern auch bei den Fokusgruppen vor Ort spielten wir zusätzlich zu der bewährten eine alternative

Variante der vignettenbasierten Fokusgruppe durch. Die Gruppe wurde zwar platztypisch zusammengesetzt, die Teilnehmer*innen wurden jedoch angewiesen, eine andere Rolle bzw. eine andere Position als die eigene einzunehmen. Die vignettenbasierte Fokusgruppe wurde mit einer üblichen Vorstellungsrunde gestartet, in einem zweiten Schritt suchten die Teilnehmer*innen eine Position bzw. eine Rolle aus, die im Raum in Form eines oder einer anderen Teilnehmenden anwesend war. So konnte etwa der Polizist die Rolle des Sozialarbeiters einnehmen, ein Geschäftsinhaber die Rolle eines Jugendlichen usw. Dieses Vorgehen hat – manchmal überlappende – methodische und partizipative Aspekte.

Da dieses Projekt als partizipatives geplant war, wollten die unterschiedlichen Organisationen, allen voran die Polizei, auch einen Nutzen für ihren Alltag aus den Ergebnissen ziehen. Indem die unterschiedlichen Akteur*innen vor Ort sich in die Probleme einer anderen Gruppe hineinversetzen mussten, wurde auch die eigene Position reflektiert bzw. die Situation vor Ort neu bewertet. So hörten wir etwa von einem Polizisten, der in der Rolle eines Händlers war, dass er das Betteln vor Ort anders bewerten würde.

> „Ich kann mir besser vorstellen, dass der Geschäftsinhaber Sorge hat, dass die Kunden ausbleiben, wenn sie angebettelt werden. Für mich als Polizist ist es egal, ob jemand im öffentlichen Raum sitzt – außer es gibt ein Bettelverbot."

Indem man eine neue Perspektive einnimmt, werden auch eigene blinde Flecken explizit und kommunizierbar. So hörten wir wiederholt Sätze wie „Ich habe das noch nie aus dieser Perspektive gesehen". Methodisch eröffnet sich dadurch eine weitere Perspektive: Im Spielen einer anderen Rolle werden die Deutungen sichtbar, die man einer anderen (eventuell sogar konkurrierenden) Gruppe zuschreibt; vor allem auch die Einschätzung, wie die Situation einer spezifischen Gruppe aus der eigenen Perspektive weitergehen könnte bzw. wie die befragte Person glaubt, dass die andere Gruppe eine Situation einschätzt. So sagte der oben zitierte Polizist am Anfang der Diskussion, dass er nicht wüsste, weshalb Geschäftstreibende Bettler*innen wegschicken würden, da jeder und jede das Recht habe, im öffentlichen Raum zu sitzen, „es stört ja niemanden."

Das Rollenspiel als Element sozialwissenschaftlicher Forschung ist nach wie vor ein Randphänomen, obwohl es in der Organisationsforschung durchaus bekannt ist und angewandt wird.

> „Nur Rollenspiele, in denen Menschen in *Als-ob-Situationen* Rollen übernehmen, sollten den Rahmen für organisationswissenschaftliche Forschung bilden. Sader folgend (1986, S. 15 f.) ist es wichtig, dass ein Rollenspiel einen *Als-ob-Charakter* hat, es mit konkretem Handeln in einer konkreten Situation verbunden ist und die Handlungs- und Verhaltenssequenzen von den Spielenden selbst als Spiel, als eine *Als-ob-Situation* erlebt werden." (Nagler 2002, S. 181)

Die Einbettung des Rollenspiels in die Durchführung der vignettenbasierten Fokusgruppe ist meines Erachtens deshalb gewinnbringend, weil die Situationen, die mittels der Vignette durchgespielt werden, empirisch begründete Als-ob-Situationen sind und daher zumeist eine starke Anschlussfähigkeit für die teilnehmenden Personen aufweisen. So kann man sich als Teilnehmer*in zwar abgrenzen, hat aber trotzdem ausreichend Wissen und zumeist auch Interaktion mit der Gruppe, die man selbst im Spiel darstellt, sodass genügend Deutungsmöglichkeiten vorhanden sind, um die eigene Interpretation der dargestellten Rolle gut spielen zu können. Nagler sieht das Rollenspiel nicht in Konkurrenz zu anderen Methoden, sondern als einen „added value", dessen Nutzen darin liegt, „dass mit dem Rollenspiel eine Methode vorliegt, die eine ganzheitliche Betrachtungsweise und *Analyse von Situationen* zulässt" (Nagler 2002, S. 187, Hervorhebung durch die Autorin).

Anschlussfähigkeit an das Theater der Unterdrückten

Die vignettenbasierte Fokusgruppe bietet außerdem eine Anschlussfähigkeit an das Theater der Unterdrückten (Boal 1979), also an eine Theaterform, die Rollenspiele, Selbsterfahrung und politischen Aktionismus miteinander verbindet. Diese Anschlussfähigkeit ergibt sich weniger aus einer qualitativ-methodischen Perspektive als vielmehr aus dem partizipativen Potenzial eines solchen Einsatzes. Hier steht das Anliegen im Vordergrund, Personen, die wenig Gehör im öffentlichen Diskurs finden, durch methodische Mittel die Möglichkeit der Artikulation zu geben (im Sinne der Sichtbarmachung von fehlenden Positionen nach Clarke 2012). Ähnliches schreibt auch Wrentschur (2014) über politisch-partizipative Theaterarbeit im Bildungsbereich.

> „Viele der damit verbundenen Projekte waren auf gegenwärtige Konflikte, Probleme und unterdrückende Situationen bzw. Strukturen wie Armut, Wohnungslosigkeit, Ausgrenzung, Gewalt, Diskriminierung etc. gerichtet. Die Bühne wurde dabei zum ästhetischen und sozialen Raum der gemeinsamen Suche nach Ursachen, Dynamiken und Veränderungsideen für diese Situationen." (ebd., S. 7 f.)

Die vignettenbasierte Fokusgruppe sieht sich nicht in der Tradition des Theaters der Unterdrückten, aber es gibt Anschlussoptionen zwischen diesen beiden Methoden, die sich des Rollenspiels bedienen. Die von Wrentschur (2014) konstatierte Suche nach „Ursachen, Dynamiken und Veränderungsideen" ist so auch für die hier eingesetzte Methode eines der Erkenntnisinteressen.

4.4 Die Situation der Datenproduktion mit Vignetten: Die Forschungssituation in der Vignette

In einem Buch, in dem Situationen eine derart zentrale Rolle spielen, soll auch die Situation der Datenproduktion mit Vignetten selbst nicht ausgeklammert werden. Die Vignette bringt empirisch erhobene und analytisch typisierte Situationen in die *Situation* der Datenproduktion ein. Ich möchte bei diesem Gedanken zwei Aspekte herausgreifen: die Vignette als (i) Reflexionstool des Forschungsprozesses selbst und (ii) als Elizitierungstool, mit dessen Hilfe in der Interviewsituation nochmals Gruppenprozesse erzeugt bzw. wirksam werden können.

Vignetten als Reflexionstool des Forschungsprozesses

Im ersten Fall (die Vignette als Reflexion des Forschungsprozesses) wird die Vignette als situative Darstellung des Forschungsprozesses bzw. als Reflexion der Forschungsbeziehungen genutzt. Das Schreiben der Vignette ist dabei – pointiert formuliert – in der Tradition des Forschungstagebuches zu sehen (DeWalt/DeWalt 2002). Jedoch wird bei der Verwendung von Vignetten ein weiterer Schritt eingebaut, der diese Nutzung doch stark von einer persönlichen Reflexion im Tagebuch abhebt. Sie wird zu einem Teil methodischer Reflexion für die wissenschaftliche Community und macht gleichzeitig auch die Interpretation der Ergebnisse bzw. deren Konstruktion intersubjektiv nachvollziehbar. Ergebnisse sind dann nicht mehr für sich stehende und, was den Entstehungskontext betrifft, doch schwer zu beurteilende Texte, sondern in ihrer Situiertheit nachvollziehbare Produkte eines Interpretationsprozesses: „Rather, it has to be understood as a specifically situated act within the interpretative process that is continued in the meaningful reading of the produced text (Rath, 2012; Schachtner, 1993)" (Langer 2016, S. 735).

In der Heuristik der von ihnen vorgeschlagenen Systemanalyse, bauen Froschauer/Lueger (2020) den Schritt des „Gesprächsrahmens" ein. Dieser Schritt fokussiert die Forschungs*situation* und lässt sie explizit in die Analyse des Gesprächs einfließen. In ihrer Anregung, diesen Gesprächsrahmen im Gesamtdesign nicht zu unterschätzen, schreiben sie als Argument für einen offenen Gesprächszusammenhang:

> „Dafür ist es meist wichtig, die Gesprächsführung vorweg wenig zu strukturieren und auf die Art der Zusammensetzung zu achten, weil dadurch die soziale Situation als Gesprächsrahmen und damit die Bedingungen für die Entwicklung des Gesprächs beeinflusst werden." (ebd., S. 63)

Die Beachtung der sozialen Forschungssituation ist vor allem den interpretativen Methoden immanent; die Vignette ermöglicht es, diese nochmals sehr konkret zu reflektieren, indem man in der Vignette die Forschungssituation detailliert und somit intersubjektiv nachvollziehbar beschreibt. Der Konstruktionsprozess des Datenmaterials (Breuer et al. 2014) – etwa von Kathy Charmaz (2014) in ihrem Buch „Constructing Grounded Theory“ oder von Mruck/Mey (2019) in ihrem Artikel „Grounded Theory and Reflexivity in the Process of Qualitative Research“ beschrieben – wird somit auf die Vorderbühne gehoben und kann meines Erachtens einen positiven Einfluss auf die Gütekriterien qualitativer und interpretativer Forschung haben. Langer (2013) spricht diesen Aspekt in seinem Text zu Vignetten ebenfalls an: „Damit sagt das Interview in erster Linie etwas über den gemeinsamen Konstruktionsprozess von Sinn in dieser bestimmten Situation mit diesen bestimmten Gesprächspartner/innen aus“ (ebd., S. 125).

Die qualitativen und interpretativen Methoden reflektieren die Konstruiertheit von Situationen eben aus der sozialen Situation heraus – und nehmen somit eine praktische Konsequenz aus Blumers (1980) Prämissen des Symbolischen Interaktionismus ernst. Langer (2013) nimmt in seinem Artikel zu Vignetten eine psychologische Sichtweise ein, die sich trotzdem mit ihrem Fokus gut in eine soziologische Debatte einfügt.

> „‚Worauf es uns hier ankommt,‘ schreibt Devereux (1973) in seinem in der aktuellen methodologischen Literatur leider kaum mehr zur Kenntnis genommenen Buch *Angst und Methode in den Verhaltenswissenschaften*, ist, daß die Analyse der Gegenübertragung, wissenschaftlich gesehen, mehr Daten über die Natur des Menschen erbringt. [...] Nicht die Untersuchung des Objekts, sondern die des Beobachters eröffnet uns einen Zugang zum Wesen der Beobachtungssituation.‘ (17, 20; Hervorhebung im Original).“ (zit. n. Langer 2013, S. 118; siehe dazu auch Breuer et al. 2014)

Mey/Mruck (2014) plädieren – ebenfalls mit Referenz auf Devereux – dafür, „viel mehr auf die Interaktionscharakteristik zu schauen. Und das ist ja auch das Votum, viel mehr methodologisch/methodisch daran zu arbeiten, fassbarer zu machen, was im Interview eigentlich passiert“ (ebd., S. 270).

Mark Learmonth und Mike Humphreys (2016) stellen in ihrem Artikel „Autoethnographic vignettes“ einen ähnlichen Ansatz vor, stellen aber die Reflexion der Autor*innenposition in den Vordergrund. Mit diesem Vorgehen bleiben sie weniger an der Reflexion der Forschungssituation haften als vielmehr an der Positionierung der forschenden Wissenschaftler*innen. Beide Autoren sind Organisations- und Managementforscher an der Durham University Business School in Großbritannien, also einer Wirtschaftsuniversität. Gerade in einem solchen, oftmals sehr quantitativ geprägten, Umfeld ist es durchaus bemerkenswert, den Ergebnissen auch Vignetten zur interpretativen Formierung wirtschaftswissenschaftlicher Aussagen an die Seite zu stellen.

> „Indeed, a potentially rich well of data exists among business academics and students concerning their own personal, insider accounts – vignettes of working life. However, this well of experience remains relatively untapped, in part because there are few outlets to publish work based on one's own personal accounts." (ebd., S. 205)

Die vignettenbasierte Fokusgruppe als Elizitierungstool für Gruppenprozesse

Der zweite Bereich, in dem die Forschungssituation selbst relevant wird, ist der Einsatz von Vignetten als Elizitierungstool, mit dessen Hilfe in der Interviewsituation Gruppenprozesse erzeugt bzw. wirksam werden können. Situationen über die unterschiedlichen Deutungen (und deren Typisierung in der Vignettenkonstruktion) her zu analysieren, die aufgrund der gemeinsamen Anwesenheit an einem Ort getroffen werden, also – pointiert gesagt – über die vielen Situationen in einer einzigen, halte ich für gewinnbringend. Die Vignettenmethode bietet die Möglichkeit, diese Deutungen in einem Forschungssetting zu induzieren.

Was zunächst den öffentlichen Raum als Forschungsfeld für meine Konzeption von Situation so gewinnbringend machte, ist, dass eine eindeutige, abgeschlossene Situation, wie etwa Verkauf, Prüfung, Psychiatrie oder Autounfall, eher selten vorhanden ist. Dazu ein Beispiel: Der öffentliche Raum, etwa ein Platz oder eine U-Bahn-Station, ist eine sozialräumliche Hintergrundfolie für verschiedene Situationen, etwa: Person A möchte von U-Bahn X zu U-Bahn Y gelangen und quert dafür die Unterführung am Wiener Karlsplatz. In dieser Situation begegnet sie Person B, für die eben diese Unterführung Arbeitsplatz, nämlich für den Drogenhandel, ist und die den Raum nicht als Querungsroute von A nach B wahrnimmt und nutzt, sondern als Verkaufsraum, der noch dazu für Person C (einen Polizisten) als Arbeitsraum dient, in dem dieser den Verkaufsraum von Person B erkennen und stören muss. Person D wiederum quert den Raum von A, B und C, weil dies die Möglichkeit bietet, einen Kaffee zu kaufen, dessen Bezugsquelle genau in der Querungsroute von A, im Arbeitsraum von B sowie im Arbeitsraum von C liegt. Für Person D ist dies aber noch Aufenthaltsraum vor der Arbeit, um ein versäumtes Frühstück nachzuholen.

Die Situation der vignettenbasierten Fokusgruppe bietet die Chance, die unterschiedlichen Deutungen quasi im Live-Experiment zu beobachten. Somit ist die Herstellung eines solchen Raumes ein methodischer Mehrwert: Die Situationseinheit, bei deren empirischer Erfassung die Vignette ein hilfreiches Tool ist, ist eben jene unterschiedliche Deutung der Situation, der anderen Personen, der Artefakte und der Bewegungsflüsse und die Frage, wieso Person A die Situation als verunsichernd wahrnimmt, Person D aber nicht und inwieweit die jeweils andere Situationsdefinition bzw. die Handlungskonsequenz der Situationsteilnehmer*innen, die daraus entsteht (etwa nervöser Blick hin und her von Person B), Einfluss auf die Deutung und Handlung der jeweils anderen hat. Goffman hat bereits darauf hingewiesen, dass diese Situationen (im öffentlichen Raum) speziell sind, hat jedoch keine empirische Lösung angeboten.

> „Auf öffentlichen Straßen (und auf anderen, relativ unversperrten Plätzen) lässt sich der Bereich gegenseitiger Anwesenheit nicht so klar abgrenzen, denn die Personen, die sich an unterschiedlichen Stellen der Straße befinden, können jeweils einen anderen Teil der anderen beobachten oder von ihnen beobachtet werden. Sieht man von dieser Einschränkung ab, gebrauche ich den Terminus Zusammenkunft (gathering) hinfort für diejenigen Individuen, die sich zu einem bestimmten Zeitpunkt in der gegenseitigen Anwesenheit anderer befinden." (Goffman 2009, S. 33 f.)

Was man mit der Fokussierung auf solche themenoffenen Situationen jedenfalls erreicht, ist, dass man Antworten erhält auf die Frage, wie „Unerwartetes" (vgl. Ziemann 2013, S. 108) in einer Situation wirkt bzw. was sich daraus ergibt.

Dazu ein Beispiel aus meinem Habilitationsprojekt (Miko-Schefzig 2019): Wenn ein Suchtkranker am Wiener Karlsplatz andere Suchtkranke um ein „Substi"[10] fragt, dann ist dies eine Interaktion zwischen zwei Menschen, die zunächst einmal nur diese beiden betrifft. In der empirischen Konzeption der Vignette wird aber vielmehr darauf eingegangen, was jenseits dieser gemeinsamen Situation stattfindet – und zwar sowohl hinsichtlich der Deutung der interagierenden Personen und deren Konsequenzen als auch hinsichtlich der Folgen für weitere Personen, die an und für sich mit dieser konkreten Situation nichts zu tun haben. Auch wenn die oben beschriebene Situation zunächst einmal ein Tauschhandel ist, so kann die Situation für die angesprochene Person aber mehr von deren Ausschauhalten nach Polizist*innen dominiert sein. Dies kann wieder eine Rückwirkung auf ihr Verhalten haben (etwa suchender Blick), das von einem anderen empfindenden Körper als Basis für dessen Situation (Passant, der im suchenden Blick ein „High-Sein" zu erkennen glaubt und aus Angst seine geplante Gehroute ändert) herangezogen wird. Die Veränderlichkeit der Situation, letztendlich die Frage, wo fängt sie an und wo endet sie, bzw. die fließenden Grenzen, die eventuell weder Anfang noch Ende benötigen, sowie die Frage, wie die Deutungen der unterschiedlichen Akteur*innen vor Ort Einfluss auf die Deutungen der anderen Situationsteilnehmer*innen haben und was dies für eine Annäherung an eine gemeinsame Situation bedeutet, ist mit dem Einsatz von Vignetten adressierbar.

Froschauer/Lueger (2020) fassen die Gruppensituation und ihr analytisches Potenzial mit Verweis auf Morgan (2012) so zusammen:

---

10 „Substi" ist Feldsprache für Drogensubstitution. In den Feldforschungen wurde der Handel damit an einem spezifischen Wiener Ort beobachtet.

> „Offen gehaltene Fokusgruppengespräche richten das Interesse auf das Teilen und Vergleichen von Aussagen und Meinungen (meist in der frühen Gesprächsphase), gefolgt von dem anschließenden Organisieren und Konzeptualisieren als gemeinsame Konstruktion und Konsolidierung der Meinungen auf abstrakterer Ebene (Morgan, 2012). Hier werden der anregende Charakter und der Prozess der Meinungsbildung zu entscheidenden Gesprächsfaktoren." (ebd., S. 62)

Ein Gruppensetting ist aus dieser Perspektive ideal, wenn man Deutungen zu einer Situation von verschiedenen Perspektiven her erfassen und die zwei oben beschriebenen Schritte (Vergleichen und Konstruktion/Konsolidierung) methodisch nutzen möchte, um (i) zunächst die Vielfalt der Deutungen zu erhalten und (ii) in einem zweiten Schritt die Gruppenprozesse der Konstruktion und Konsolidierung zu beobachten (zum Analysepotenzial von Gruppensettings siehe Kapitel 5.4, insbesondere die Abschnitte „Das Verhältnis von Einzeläußerung und Gruppenmeinung" und „Gruppenerzählung und Analyse des Gesprächsflusses").

5 Welche Analysemöglichkeiten ergeben sich durch das Forschen mit Vignetten?

Vignetten können, wenn man sie als Elizitierungstools in Interviewsituationen betrachtet, unterschiedlich ausgewertet werden. Genauso wie Interviews (sofern im Sinne interpretativer oder qualitativer Gesprächsführung durchgeführt) mit der ganzen Palette qualitativer und interpretativer Methoden analysiert werden können, so kann man dies auch mit Vignetteninterviews tun. Werner/Stiehler/Nestmann (2006) etwa verwenden qualitative Vignetten als Elizitierungstool, die Auswertung erfolgt aber eher inhaltsanalytisch strukturierend bzw. numerisch ordnend. Die Autor*innen arbeiteten in ihrer Auswertung mit einem im Vorfeld erstellten Kategoriensystem. Außerdem wurden die Inhalte – es handelte sich um psychische Bewältigungsstrategien – „in Anlehnung an Folkman/Lazarus (1980) […] nach problemlöseorientierter und emotionsregulierender Bewältigung unterschieden" (ebd., S. 427). Die Analyse des Textmaterials folgt also eher einer Subsumptionslogik vorab gesetzter Kategorien.

Meine Herangehensweise verortet sich klar im interpretativen Paradigma. Mir geht es um die sinnhafte Ausdeutung der Vignetteninhalte. Gleichzeitig sind auch Fragestellungen, die aus den Interaktionen in der Situation der Forschung entstehen, mit der Vignette bearbeitbar. Die konkreten Methoden, die zur Auswertung herangezogen werden, verorten sich in der Hermeneutik – sowohl in der wissenssoziologischen als auch in der Variante von Froschauer/Lueger (2020) sowie in Kodierverfahren nach der Grounded-Theory-Methodologie (Charmaz 2014; Clarke 2012) – mit ihren Wurzeln im amerikanischen Pragmatismus und im Symbolischen Interaktionismus. Abgrenzen möchte ich mich in meinem Ansatz von inhaltsanalytisch-strukturierenden Methoden, die zwar für Interviews, in denen Vignetten verwendet wurden, durchaus sinnvoll sein können (etwa Werner/Stiehler/Nestmann 2006), die ich aber für mein interpretatives Interesse als zu subsumierend und am manifesten Inhalt orientiert verorte. In meiner Arbeit zum Deutungsmuster subjektive Sicherheit war es mir gerade ein Anliegen nachzuzeichnen, in welcher Weise das Deutungsmuster von den interviewten Personen aufgegriffen wurde. In die Vignetten habe ich außerdem Elemente von Diskursen eingebaut – nebst den Elementen, die sich in den Datenproduktionen vor Ort als typisch bewährt hatten, etwa bestimmte Personengruppen, Interaktionen oder Artefakte.

In diesem Kapitel möchte ich nun unterschiedliche Analysemöglichkeiten und -ebenen von Interviews mit Vignetten präsentieren. Meine Forschungsprojekte verorteten sich in der Organisationssoziologie, da sie zusätzlich zu den situativen Fragestellungen auch die Organisationsdynamiken (etwa der Polizei oder der Sozialen Arbeit) fokussierten. Diese Verortung sowie mein interpretatives Organisationsverständnis adressiere ich in Kapitel 5.1. Danach möchte ich Vignetten als sinnvolle Methode zur Erforschung von wissenssoziologischen Fragestellungen vorstellen, etwa Fragen in Zusammenhang mit Deutungsmustern, diskursiven Elementen oder Subjektivierungsweisen, kurz: gesellschaftlichen Wissensbeständen (Kapitel 5.2). Im darauffolgenden Kapitel 5.3 ziehe ich Rückschlüsse aus dem transformatorischen Potenzial von Vignetten für ein wissenssoziologisches Situationsverständnis. Im Anschluss an dieses Kapitel gilt mein besonderes Augenmerk den Möglichkeiten des Einsatzes von Vignetten zur Erforschung von Eigen- und Fremdzuschreibungen (Kapitel 5.4). In Kapitel 5.5 schließe ich mit einem Beispiel aus dem Asylerstaufnahmezentrum Traiskirchen.

5.1 Die Vignette als Methode für situative Fragestellungen in der Organisationsforschung

Der Entstehungskontext der Vignetten umfasste in allen Projekten die Forschung mit großen Organisationen. In den Vorgesprächen zu Interviews, aber auch in den Interviews selbst, besprachen wir Situationen, in denen es nicht nur darum ging, wie einzelne Menschen in dieser oder jener Situation reagierten bzw. diese wahrnahmen, sondern vielmehr, was dies für die Organisation bedeutete. Dabei wurden verschiedene Perspektiven eingenommen, etwa welche Folgen das Handeln von Organisationsmitgliedern für die Organisation hatte. Oder – umgekehrt – welche Rolle die Organisation bzw. organisationale Strukturen in der Situation spielten. Die Verbindung der individuellen Situationsebene mit der Organisations- und Diskursebene habe ich anderer Stelle detailliert dargelegt (Miko-Schefzig 2019).

Die Rolle von Organisationen in Situationen

Um zu zeigen, weshalb Vignetten ein geeignetes methodisches Mittel sind, um organisationale Fragestellungen zu adressieren, möchte ich mein Verständnis von Situation und die Rolle von Organisationen darin präsentieren. Dabei schlage ich zunächst vor, bisherige Situationsdefinitionen als Kontinuum (siehe Abbildung 9) zu betrachten: von der Interaktion zwischen Anwesenden, etwa in Goffman'scher Tradition (2009), bis zu größeren, situativen Phänomenen, bei deren Analyse auch die Ebene der Organisationen und Diskurse einbezogen wird, etwa im Clarke'schen Verständnis (Clarke 2012).

KONTEXT

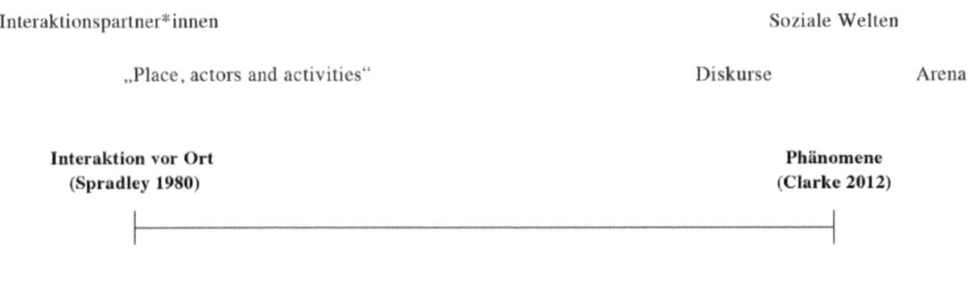

KONTEXT

Abb. 9: Situationen und ihre Kontexte

Auf der einen Seite steht die sehr prägnante und simple Definition von Spradley (1980): „Every social situation can be identified by three primary elements: a *place*, *actors*, and *activities*. In doing participant observation you will locate yourself in some place“ (ebd., S. 39). Auf dem anderen Ende des Kontinuums siedle ich Clarkes (2012) Definition an, die die Interaktion aus ihrer Situationsdefinition herausgenommen hat und über die Kartografie der von ihr vorgeschlagenen drei Maps (Situations-Map, Map von Sozialen Welten/Arenen, Positions-Map) vor allem die sozialen Welten (Strauss 1978, 1982) und die Organisationen fokussiert.

Ganz allgemein kann also gesagt werden, dass die Situation soziologisch entweder auf der Ebene der Interaktionen oder auf der Ebene der Phänomene angesiedelt ist. Um ein Beispiel von Adele Clarke (2012) für Letzteres zu nehmen, etwa die Situation der Reproduktionsmedizin. Anders gewendet: Es geht darum, wo und wie weit man den Kontext einer Situation setzt. Und dies ist durchaus idealtypisch als Kontinuum zu verstehen. Spradleys Definition setzt den Kontext auf der direkten Interaktionsebene an. Clarke wiederum nimmt in ihrer Konzeption der Situationsanalyse Bezug auf die Diskursanalyse, indem sie die Diskursebene und die Ebene der sozialen Welten und ihrer Organisationen sowie der Arenen, in denen Konflikte diskursiv ausgehandelt werden, als Kontext einbezieht. Clarke hat aber ganz explizit die Interaktionsebene außen vorgelassen. Mein Anliegen ist es jedoch, die Mesoebene der sozialen Welten sowie die Diskursebene mit der Situationsebene zu verbinden. Was aus meiner (empirischen) Sicht fehlt, ist eine Konzeption von Situation, die diese Pole integriert. Mich interessierte also ganz im Anschluss an Clarkes Fokus ebenfalls die Einbindung der Mesoebene und der Ebene des Diskurses in eine Situationsanalyse. Ich sehe nur keinen Grund, deren Wirkungen auf die Interaktionsebene auszublenden. Mit dem Satz „People – that is acting units – do not act toward culture, social structure or the like; they act toward situations" beschreibt Blumer (1962, S. 190) mein Anliegen sehr genau. Dort setzte ich auch mit den Vignetten an.

„Travel of ideas" in Situationen

Dabei betrachte ich Situation explizit nicht nur aus interaktionistischer Sicht (Atkinson/Housley 2003), sondern auch unter Einbeziehung der Mesoebene der Organisationen und der Diskursebene. Die Frage, inwieweit Diskurse in Praxen, Handlungen und Interaktionen eine Spiegelung finden, ist von empirischem Interesse, da sie mikrosoziologische Prozesse mit der organisationalen Ebene (in meinen Beispielen etwa die Organisation Polizei) und der Ebene des Diskurses verbindet. Gerade aus wissenssoziologischer Sicht ist die Trennung unterschiedlicher gesellschaftlicher Ebenen ohnehin problematisch. In meinen Studien zum Deutungsmuster subjektive Sicherheit war die fiktive gesellschaftliche Trennung in unterschiedliche Ebenen (Mikro-, Mesoebene und Ebene des Diskurses) deshalb auch nur im Sinne einer Idealtypisierung (Weber 1968) zu verstehen – quasi ein analytisches Hilfsmittel, um die Ebene und Einflusssphäre des Deutungsmusters subjektive Sicherheit besser festmachen zu können. Gerade der wissenssoziologischen Tradition (Schütz/Luckmann 2003) ist es immanent, dass der Weg des Wissens von einer Idee zu deren Institutionalisierung eben als Verlauf konzeptualisiert wird, der sich dieser strikten Trennung entzieht. Für meine Studien zur subjektiven Sicherheit bedeutete dies, dass die subjektive Sicherheit als Deutungsmuster nicht zunächst auf der individuellen Ebene, dann auf der Ebene der Organisation Polizei und schlussendlich auf einer rein diskursiven Ebene in den Blick genommen wurde. Ziel war es vielmehr, den erfolgreichen Lauf dieser Idee („travel of ideas", Czarniawska/Joerges 1996) zu einem Deutungsmuster (Keller 2014a; Lüders 1991) und in weiterer Folge zu einer Legitimationslinie für organisationale und politische Entscheidungen, die in konkreten Situationen Wirkungen zeigen, nachzuzeichnen. Im empirischen Detailreichtum wurde die obige Trennung in Mikro-, Meso- und Diskursebene und die daran anschließenden strikt unterscheidenden Situationsverständnisse obsolet. In den Worten des wissenssoziologischen Neoinstitutionalismus (Czarniawska/Joerges 1996) würde etwa interessieren, wie Ideen reisen bzw. wie sie ihren Gang durch die Institutionen nehmen, also etwa, in welcher Form eine Interaktion vor Ort durch soziale Welten bzw. Deutungsmuster geprägt ist. Dieses Anliegen habe ich etwa in meiner Forschung über die Rekonstruktion der Reise des Deutungsmusters subjektive Sicherheit adressiert.

An dieser Stelle kommt mein Vignettenverständnis ins Spiel: In Vignetten kann man nicht nur konkrete Situationsbeschreibungen verpacken, man kann auch Deutungsmuster und Diskurselemente einbauen und analysieren, in welcher Weise diese aufgegriffen werden. Gleichzeitig kann man bei einfach beschriebenen Interaktionen darauf fokussieren, ob diese durch situationsfremde

Erzählungen angereichert werden. In Kapitel 5.4 spiele ich eine solche Analyse konkret durch. Die Situation aus der hier skizzierten Perspektive zu fokussieren bedeutet, einen Beitrag zur Debatte über die Subjektivierungsweisen von Deutungsmustern und Diskurselementen zu leisten. Indem man nicht nur auf die Subjektivierung von Individuen, sondern auch auf die Subjektivierung der Individuen in der sozialen Situation blickt, integriert man scheinbar individualisierte Subjektivierungsweisen in einen sozialen Prozess.

Fallbeispiel Personenkontrolle aus organisationaler Sicht

Ich möchte das nun dargelegte Situationsverständnis an einem konkreten Beispiel veranschaulichen, das der ersten Studie zur subjektiven Sicherheit (SUSI) entnommen ist. Die soziale Situation ist dabei sehr einfach: Ein Polizist führt eine Personenkontrolle durch. Wir beobachteten diese Situation an unterschiedlichen Orten, sprachen mit den Polizist*innen darüber und befragten auch Passant*innen dazu. Dabei konnten wir typische Elemente festmachen, die in eine Situation hineinspielen. Im Folgenden werde ich dieselbe Situation – und das entspricht auch unserer Vorgehensweise, unterschiedliche Deutungen einer Situation in die Analyse zu integrieren – einmal aus der Perspektive der Passant*innen und einmal aus Sicht der Polizist*innen betrachten: In den Situationen, in denen eine Personenkontrolle durch die Polizei stattfand, beobachteten wir wiederholt, dass sich Passant*innen in die Situation einklinkten, obwohl die Situation dies nicht erforderte. Dabei fiel uns in den beobachteten Kommunikationen vor Ort bzw. in den Nachfragen bei den ethnografischen Gesprächen ein Spezifikum auf: Die Konversationen bezogen Narrationen ein, die sich nicht allein aus der Situation vor Ort erklären ließen. So wurden Situationen inhaltlich in einer Weise kommentiert, die aus der sozialen Situation heraus, wie wir sie beobachteten, nicht nachvollziehbar war. Ein Beispiel: Wenn Polizist*innen Menschen mit „dunkler" Hautfarbe kontrollierten, gaben (meist „weiße"[11]) Passant*innen Kommentare ab (laut und in einer Weise, dass sie in der Situation gehört werden konnten), die nur als Verweis auf weitere Narrationen zu verstehen waren. In Abbildung 10 (Miko/Kugler 2011) haben wir das an zwei typischen Aussagen veranschaulicht.

11 Die Begriffe „dunkel" und „weiß" bezeichnen soziale, oftmals rassistische Konstruktionen und sind hier ausschließlich als Feldsprache wiedergegeben. Zur Problematik der Reproduktion solcher Begriffe siehe etwa: www.amnesty.de/2017/3/1/glossar-fuer-diskriminierungssensible-sprache.

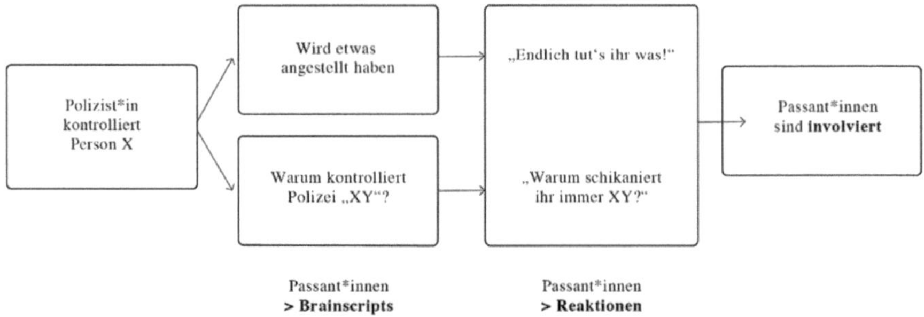

Abb. 10: Situation Personenkontrolle aus Sicht der Passant*innen

So verweisen beispielsweise die zwei Sätze „Endlich tut's ihr was!" und „Warum schikaniert ihr immer XY?" auf andere Erzählungen, die mit der reinen Ausweiskontrolle, so wie wir sie beobachteten, nicht unmittelbar in Verbindung standen. Es wurde nicht die Ausweiskontrolle als die vor Ort beobachtete Interaktion kommentiert, sondern mit der Einschätzung, dass i) diese eine Schikane sei und ii) sie immer einer spezifischen Gruppe zuteilwerde, iii) diese Kontrolle auch kein Einzelfall sei und sie iv) tendenziell unbegründet durchgeführt werde (sonst wäre sie keine Schikane) und v) die Schikane darin bestehe, dass diese unbegründete Kontrolle immer an einer spezifischen Gruppe durchgeführt werde.

Auf unsere Nachfragen hin zeigten sich vielfältige Brainscripts,[12] ein Begriff, den der Medienwissenschaftler Mikunda (2002) geprägt hat, um aufzuzeigen, dass Geschichten (als Teil des gesellschaftlichen Wissensbestandes) in Menschen aufgerufen werden können. Mikunda hat dies am Beispiel der strategischen Kommunikation nachgezeichnet. Brainscript bezeichnet eine Geschichte, die in den Köpfen der Rezipient*innen bereits vorhanden, weil gelernt ist. Werden charakteristische Merkmale dieses Brainscripts (beispielsweise „David gegen Goliath") wahrgenommen, erzählen die Rezipient*innen die komplette Geschichte (etwa: Chancenloser Kandidat besiegt übermächtigen Gegner durch eine Tücke; ein Brainscript, auf dem etwa die Krimiserie „Columbo" basiert) selbst fertig.

12 Das aus der Medienwissenschaft stammende Konzept Brainscript verwende ich hier, weil es sehr nahe an den tatsächlichen Erzählungen von Menschen angesiedelt ist, was für die Erzählungen unter Einsatz von Vignetten hilfreich ist. Es besteht dabei sowohl eine Nähe zu Konzepten organisationaler Erzählungen (Czarniawska 1997; für das Konzept von „travel of ideas" siehe Czarniawska/Joerges 1996) als auch zu Deutungs- und Diskursmustern (Keller 2014a; Oevermann 2001).

Das Fertigerzählen von Geschichten und der Rückgriff auf Deutungsmuster

Dieser Befund aus der Medienwissenschaft ist auch für die wissenssoziologische Betrachtung von Deutungsmustern nutzbar, da Mikunda nicht nur die Verfügbarkeit kultureller Narrationen rekonstruiert, sondern auch das tatsächliche Fertigerzählen dieser Geschichte (für erzähltheoretische Perspektiven siehe Polkinghorne 1995 und Sarbin 1986). Mein eigenes Forschungsinteresse bestand darin herauszufinden, ob diskursive Rahmungen bzw. Deutungsmuster (in meiner Forschung etwa die subjektive Sicherheit) in den konkreten Situationen vor Ort Relevanz haben. Damit meine ich letztendlich etwas Ähnliches wie Mikunda: Kann eine konkrete Situation eine Deutung auslösen, die auf ein kollektives Deutungsmuster oder einen Diskursstrang verweist? Da es in meinen Vignetten oft um potenzielle Konflikte geht, schließen die Erzählungen, die durch Vignetten elizitiert wurden, an bereits bestehende Konfliktnarrationen (Lueger/Froschauer 2013) an. Mich interessierte dabei besonders, welche Deutungs- und Diskursmuster in die Konfliktnarrationen verwoben werden.

An dieser Stelle ergibt es Sinn, sich noch einmal dem Deutungsmusterkonzept zuzuwenden: Das Deutungsmusterkonzept ist heterogen. Sind in der Oevermann'schen (1973) Urkonzeption Deutungsmuster „Weltinterpretationen mit generativem Status […], die prinzipiell entwicklungsoffen sind"[13] (ebd., S. 9), beschreiben Meuser/Sackmann (1992) in einer Sammlung von empirischen Studien zu unterschiedlichen Deutungsmustern deren Heterogenität in der wissenschaftlichen Verwendung. Manche Wissenschaftler*innen lassen den Begriff lieber gleich aus oder verwenden „aufgrund ihres Forschungsinteresses die Begriffe ‚Orientierungsmuster', ‚Semantik' oder ‚Lebensstil' als Grundbegriffe" (ebd., S. 31).

Demgegenüber definiert Franzmann (2007) im „Handbuch Wissenssoziologie und Wissensforschung" sehr klar:

> „Deutungsmuster sind Formen des kollektiven Bewusstseins und unterscheiden sich darin von Ideologien, Einstellungen, Meinungen oder Interessen. Sie sind relativ selbstständig operierende, weitgehend unbewusst bleibende Routinen der Interpretation von wiederkehrenden Problemlagen, denen ein Milieu nicht ausweichen kann und die es in seiner Praxis entschärfen muss." (ebd., S. 191)

Der kleinste gemeinsame Nenner scheint also (i) die kollektive Gültigkeit (im Gegensatz zu einer einzelnen Meinung) sowie (ii) der Orientierungscharakter, den ein Deutungsmuster für ein Handlungsproblem gibt, zu sein. Franzmann

13 2001 wurde von Oevermann eine weitere Theoretisierung dieser 1973 erschienenen Skizze vorgelegt.

weist darauf hin, dass es ältere Konzepte gibt, die ein ähnliches Interesse verfolgen, etwa Alfred Schütz' typisierte Wahrnehmungen oder Durkheims „conscience collective". Meuser/Sackmann (1992) wiederum verweisen auf die Verwandtschaften zwischen Bourdieus Habitus und dem Deutungsmuster.

> „Für Habitus wird wie für Deutungsmuster ein generativer Status reklamiert; das Habituskonzept kennt ebenfalls das Spannungsverhältnis von Determination und Emergenz, von objektiven, d. h. von subjektiven Intentionen unabhängigen Strukturen und deren interaktiver Reproduktion." (ebd., S. 21 f.)

Die Heterogenität des Deutungsmusterkonzeptes ist mir an dieser Stelle deshalb wichtig, weil die Vignetten für unterschiedliche Forschungsinteressen anschlussfähig sein können. Ich selbst orientiere mich an der wissenssoziologischen Definition des Deutungsmusterkonzeptes (Keller 2014a) als gesellschaftlich typisierte Deutungsschemata, die gesellschaftlichen Akteur*innen dazu dienen, Phänomene zu deuten und daraus Handlungsstrategien abzuleiten. Wichtig für meinen Prozess der Typisierung von Vignetten ist auch das Verständnis, dass es mehrere Elemente gibt, die Deutungen beeinflussen können bzw. aus denen sich das Muster überhaupt erst zusammensetzt.

> „Der Begriff des ‚Musters' verweist auf den Aspekt des Typischen – es handelt sich um allgemeine Deutungsfiguren, die in konkreten Deutungsakten zum Einsatz kommen und dabei in unterschiedlicher sprachlich-materialer Gestalt manifest werden. Darüber hinaus meint die Rede von einem ‚Muster' auch, dass hier mehrere, durchaus verschiedene Wissens- bzw. Deutungselemente und bewertende Bestandteile verknüpft werden." (Keller 2014a, S. 155 f.)

Ich habe die subjektive Sicherheit als ein Deutungsmuster konzeptualisiert, weil sie ein kollektives Erklärungsmodell ist, das von unterschiedlichen gesellschaftlichen Akteur*innen als Argumentationslinie für ihre Handlungsprobleme benutzt wird. Die Ubiquität der subjektiven Sicherheit als Teil des Sicherheitsdiskurses verstand ich als ein Indiz dafür, dass sie als Erklärungsmodell für Bereiche akzeptiert ist, die im Sicherheitsdiskurs problematisiert werden.

> „Da die Subjekte immer wieder mit diesen Problemlagen konfrontiert werden und sie nicht jedes Mal, wenn sie mit ihnen in Berührung kommen, eine neue Interpretation entwickeln können, greifen sie auf Routinen der Deutung zurück, die sie im Laufe der Sozialisation ausbilden, gewohnheitsmäßig verinnerlichen und die bei jeder fälligen Gelegenheit abgerufen werden können." (Franzmann 2007, S. 193)

Die in Abbildung 10 angeführten zwei Zitate der Passant*innen veranschaulichen gut, dass in Situationen Wissensbestände wirksam werden, die (i) unabhängig von der Situation und (ii) empirisch verfügbar und dadurch für die Analyse zugänglich sind. Für die Frage, in welcher Form Diskurselemente auf der Ebene der Subjektivierungsweisen auch in Situationen wirksam werden, ist das das entscheidende Element.

Ich möchte nun die obige Situation aus Sicht der Polizist*innen rekonstruieren und die Situation anhand von Abbildung 11 (Miko/Kugler 2011) veranschaulichen.

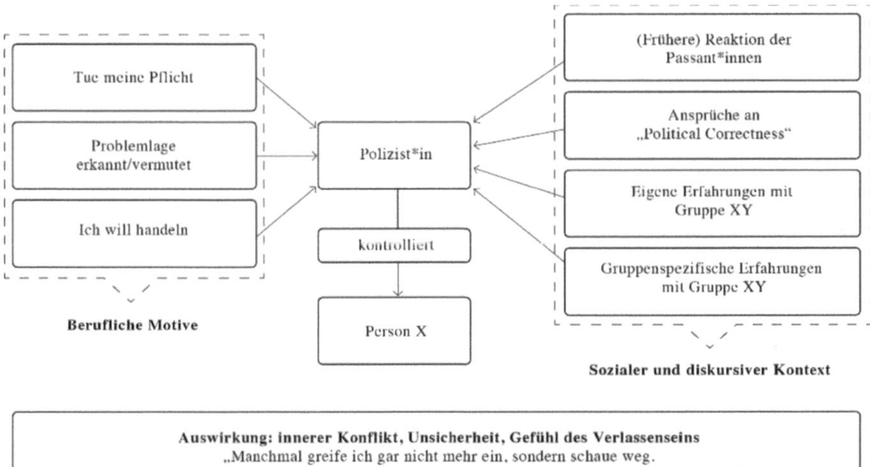

Abb. 11: Situation Personenkontrolle aus Sicht der Polizist*innen

Die Situation ist die gleiche, jedoch ist die Forschungsperspektive insofern eine andere, als wir die Personenkontrolle aus Sicht des Akteurs rekonstruierten, der tatsächlich in die Interaktion involviert war. An dieser Stelle interessierte uns, welche Aspekte aus Sicht des Polizisten in die Situation hineinspielten. Zunächst spielten berufliche Motive eine Rolle („Ich will handeln"). Aus sozialwissenschaftlicher Sicht ergiebiger waren jedoch jene Aspekte, die wir dem sozialen und diskursiven Kontext zuordneten. Ich möchte mich hier vor allem dem Aspekt „Ansprüche an Political Correctness" zuwenden. Dieser ähnelt dem Phänomen, das ich mit der Aussage „Wieso schikaniert ihr immer XY?" veranschaulicht habe. In den Interviews mit den Polizist*innen fanden wir einen ausgeprägten Reflexionsgrad darüber, wie andere Menschen die polizeiliche Tätigkeit in einer Situation wahrnehmen. Inhaltlich berührten diese Reflexionen unterschiedliche Bereiche. Das hier angeführte Beispiel betraf den Themenbereich Rassismus in der Polizei bzw. ganz konkret die Frage, ob Polizist*innen Racial Profiling betreiben, also Polizeikontrollen bei speziellen ethnischen Gruppen bevorzugt vornehmen. In den Gesprächen wurde sichtbar, dass der Polizist bereits mit einer gewissen Sorge darüber in Interaktionen gegangen war: ob er etwas falsch mache bzw. ob die eigene Tätigkeit eventuell Sanktionen mit sich bringen könne. Was in diesen Gesprächen deutlich wurde, war eine besorgte Perspektivenübernahme der Polizist*innen, die – ähnlich wie im obigen Beispiel der Passant*innen – nicht allein aus der Situation selbst erklärbar war. Auch hier wurden Erzählungen präsentiert, die über die konkrete Interaktion hinausgingen. Im Zusammenhang mit obigem Beispiel meinte ein Polizist, dass er große Sorge habe, dass seine Aktionen beobachtet würden und ihm dann rassistisches Vorgehen nachgesagt werde. Er sagte dazu folgenden Satz: „Manchmal greife ich gar nicht mehr ein, sondern schaue weg. Warum soll ich mich einsetzen, wenn ich dann morgen in der Zeitung mit einem Polizeiübergriff stehe?" In die Beurteilung der Situation sowie in die Handlungsentscheidung wurden (i) die Beziehung zur Bevölkerung, (ii) die unterschiedlichen Positionen, die innerorganisational, medial und politisch dazu debattiert werden sowie (iii) das implizite Wissen, dass Situationen unterschiedlich gedeutet werden und (iv) diese unterschiedlichen Deutungen Konsequenzen zeitigen können, aufgenommen. Diese Handlungsorientierung des Polizisten war geprägt von Debatten zum Verhältnis zwischen Bevölkerung und Polizei, den unterschiedlichen Sicherheitsverständnissen vor Ort (die zudem auch nicht mit der Einschätzung der Beamt*innen vor Ort übereinstimmen müssen) sowie einem innerorganisationalen Diskurs darüber, dass Community Policing, eine polizeiliche Strategie, die auf Kommunikation mit der Bevölkerung setzt, ein wertvolles Element einer zeitgemäßen Polizeiarbeit sei. Diesem Wert standen Gefühle der Verunsicherung hinsichtlich der eigenen Professionsrolle aufseiten mancher Polizist*innen gegenüber.

Interaktions-Maps als Analyseheuristik für das Forschen mit Vignetten

Was lässt sich nun aus dem bisher Gesagten für organisationale Fragestellungen mitnehmen? Ich möchte zur Klärung dieser Frage auf die Heuristik von Adele Clarke (2012) in Form ihrer drei Maps zurückkommen. Diese ist dort ein hilfreiches Werkzeug, wo man einen Datenkorpus hinsichtlich der unterschiedlichen gesellschaftlichen Ebenen (Mikro,- Meso- und Makroebene) und Akteur*innen strukturieren möchte und im Sinne eines zyklischen Forschungsprozesses (vgl. Lueger 2010) zu einer Projekt-Map gelangt.

Ich habe dieses Situationsverständnis nach Clarke etwa dort aufgegriffen, wo ich die Verwendung des Deutungsmusters „subjektive Sicherheit" nachzeichnen wollte. Dabei ging es in der ersten Map, der Situations-Map (Abbildung 12), zunächst darum, überhaupt einen Überblick über das Phänomen zu erhalten. Eine der relevanten Fragen, die man bei diesem Mapping stellen sollte, ist: „Wer ist (individuell und kollektiv) an der Herstellung dieser Diskurse (unterstützend, opponierend, durch Lieferung von Wissen, Materialien, Geld, Sonstigem) beteiligt?" (Clarke 2012, S. 223).

Abb. 12: Situations-Map zur subjektiven Sicherheit

In Abbildung 13 habe ich die Akteur*innen aus der Situations-Map sozialen Welten/Arenen zugeordnet. Wir wollten damit nachzeichnen, welche Organisationen, die am Diskurs beteiligt sind, welchen Arenen zuzuordnen sind. Dabei fiel auf, dass es wenige Akteur*innen gab, die nur zur Sphäre der Medien oder der Zivilgesellschaft gehören, es jedoch viele Schnittmengen der unterschiedlichen Arenen gibt.

Abb. 13: Soziale Welten/Arenen-Map

Im letzten Schritt, der Positions-Map, geht es darum, „was sich in den Daten als grundlegende (oft, aber nicht immer kontroverse) Themen der Diskurse herauskristallisiert, zu welchen es unterschiedliche Positionen gibt" (Clarke 2012, S. 234). Dabei war Clarkes eigenes Projekt aus dem Jahr 1989 um die Zulassung von RU486 (die erste medikamentöse Möglichkeit eines Schwangerschaftsabbruches) insofern Inspiration für mich, als ein Diskursfeld dieses Zulassungsprozesses von der Sicherheit des Medikaments handelte. In ihrer Positions-Map hat sie etwa das Kontinuum der Moralität dem Kontinuum der Sicherheit gegenübergestellt. In Abbildung 14 habe ich analog dazu das Kontinuum „Sicherheit als gemeinsam herzustellendes öffentliches Gut" und das Kontinuum „Teilhabe im öffentlichen Raum als gesellschaftliches Gut" erstellt:

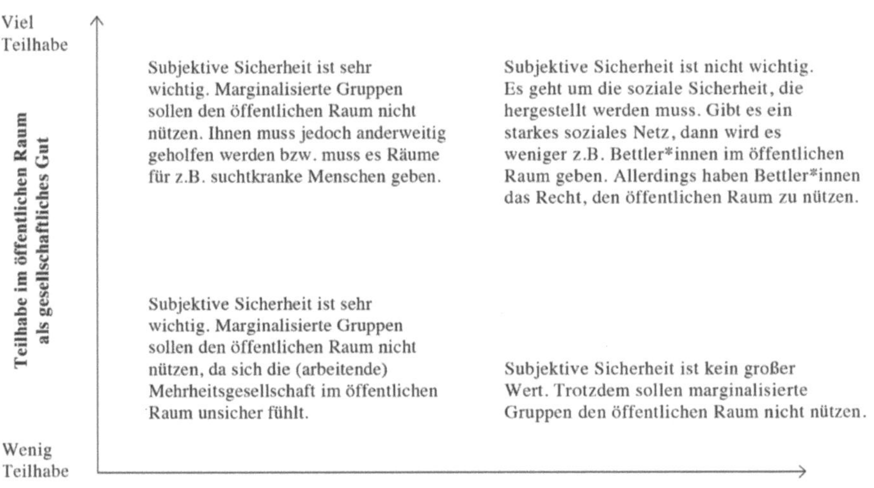

Abb. 14: Positions-Map zu Sicherheit als gemeinsam herzustellendes öffentliches Gut vs. Teilhabe im öffentlichen Raum als gesellschaftliches Gut

Mein Anliegen ging jedoch über die Möglichkeiten dieser Heuristik hinaus. Mich interessierte zusätzlich, ob und wie Menschen, als soziale Wesen und eingebunden in soziale Welten und Organisationen, in konkreten Situationen durch diskursive Rahmungen und Deutungsmuster beeinflusst sind. Auf dieser Ebene half die Situationsdefinition Clarkes nicht mehr. Interaktionstheorien bzw. die wissenssoziologische Diskursanalyse und in deren Anschluss die Analyse von Subjektivierungsweisen waren hilfreichere Referenzen.

Mich interessierten auf dieser Ebene die Handlungsoptionen der Akteur*innen vor Ort, d. h. die Frage, in welcher Weise eine bestimmte Gruppe eine Situation definiert und letztendlich bewältigt. Dieses Interesse ist aber nicht mit einer reinen Betrachtung der Interaktionsebene zu verwechseln. Man kann dieses Kartografieren von Situationen in Analogie zu Clarkes Modell „Interaktions-Maps" (siehe Abbildung 15) nennen. Dabei ging es also eher darum, ob und wie einzelne Gruppen, geprägt durch diskursive Rahmungen, die Situation vor Ort wahrnahmen. Die Konzeption der Interaktions-Map veranschaulicht mein Anliegen, das Deutungsmuster subjektive Sicherheit auf den unterschiedlichen gesellschaftlichen Ebenen nachzuzeichnen und zu analysieren, inwieweit es auch auf der Interaktionsebene relevant ist. Dabei ist es mir für die Analyse konkreter Situationen nicht wichtig, ob eine Situation speziell durch (i) eine*n weitere*n Akteur*in im öffentlichen Raum (etwa Passant*innen, die eine Polizeiintervention kommentieren) oder (ii) einen organisationsinternen Diskurs geprägt ist (etwa Erfahrungen der Polizei mit einer speziellen Bevölkerungsgruppe, die zu einer organisationalen Geschichte über eben diese Gruppe führen). Wichtig ist mir die empirische Herleitung.

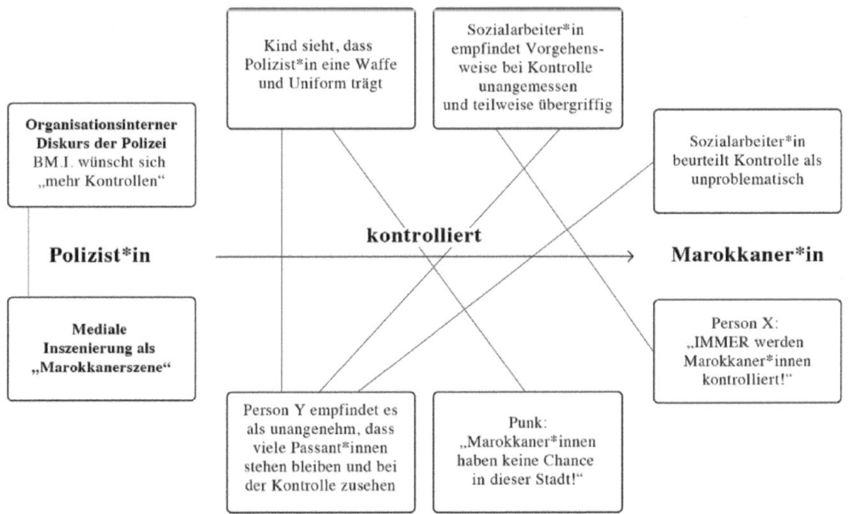

Abb. 15: Interaktions-Map: Die Situation und ihre Diskurse

Der Einsatz von Vignetten ist ein methodisches Mittel, um die Deutungsebenen in Situationen nachzuvollziehen und stellt somit eine Forschungsheuristik dar, die sich theoretisch in der Tradition des Thomas-Theorems verortet. Gleichzeitig bleibt die vignettenbasierte Fokusgruppe nicht auf der individuellen Ebene der Deutung stehen, sondern integriert die Meso- und Makroebene in die Situationsanalyse. Die Fokussierung auf Situationen ist eine gewinnbringende Heuristik für die Mesoebene der Organisation bzw. die Diskursebene von Situationen. Ziemann (2013) weist darauf hin, dass Goffman (1975) mit seinem „What is it that's going on here?" (ebd., S. 8) eine zentrale Frage in die Situationsanalyse eingeführt hat, nämlich nicht nur die nach der Aushandlung der Akteur*innen in der Alltagswelt, sondern auch die Frage, wer die Situation bestimmt bzw. legitimiert, was am Ende zu tun oder der Fall ist. Wenn die Organisation Polizei das Forschungsteam zu einer „Marokkanerszene"[14] in den Innsbrucker Rapoldipark schickt, diese jedoch in den Daten (etwa bei den befragten Akteur*innen vor Ort) nicht gefunden wird, im realen polizeilichen Alltag jedoch besondere Aufmerksamkeit erfährt, dann stellt sich auf empirischer Ebene durchaus die Frage „What is it that's going on here?"

Organisationale Subjektivierungsweise: Das Verhältnis von Narration und Organisation

Das Deutungsmuster der subjektiven Sicherheit hat organisational zu verschiedenen Subjektivierungsweisen geführt, die ich *organisationale* Subjektivierungsweisen[15] nennen möchte. Czarniawska/Joerges (1996) haben darauf hingewiesen, dass Ideen dann ankommen, wenn deren Inhalte wiederholt kommuniziert werden. Sie wandern durch verschiedene gesellschaftliche Ebenen, werden in andere organisationale Kontexte implementiert („re-embedded", ebd., S. 22 f.) und möglicherweise in Folge institutionalisiert. Der Begriff der organisationalen Subjektivierungsweise benötigt eine Spezifizierung, da die Verbindung von Subjektivierungsweisen und Organisation auch als Paradox gewertet werden könnte, soll doch der Begriff Subjektivierungsweisen gerade dafür verwendet werden, um Diskurse – oder im neoinstitutionellen Jargon reisende Ideen – auf der Ebene des Individuums festzumachen. Bosančić (2019) plädiert in der Analyse der Subjektivierungsweisen dafür, vielfältige „Subjektivierungskontexte" (ebd., S. 59) einzubeziehen bzw. für die Frage, ob es spezifische – etwa organisationale – Kontexte gibt, „in denen Subjektanforderungen prozessieren, die eine Auseinandersetzung wahrscheinlich machen" (ebd., S. 60). Ich formuliere es tendenziell eher so, dass Organisationen ganz spezifische Orte der Sinnproduktion (vgl. Froschauer 2012) sind und Subjektivierungsweisen daher organisationalen Logiken folgen. Organisationen sind also weniger nur ein weiterer Kontext von Subjektivierungsweisen als vielmehr ein ausdif-

14 Ein in den Studien inkludierter Platz in Innsbruck wurde medial (v. a. in Boulevardmedien) immer wieder dahingehend beschrieben, dass er sich durch eine stark präsente „Marokkanerszene" auszeichne, dass also Menschen aus Marokko diesen nutzen. Die Schlussfolgerung war, dass der Platz deshalb entweder wirklich unsicher sei oder die Bevölkerung sich unsicher fühle. In der Studie wurden wir gebeten, uns diesen Ort aus sozialwissenschaftlicher Perspektive anzusehen (Die Studie wurde im Sicherheitsforschungs-Förderprogramm KIRAS vom österreichischen Bundesministerium für Verkehr, Innovation und Technologie finanziert).

15 Einschränkend muss hier festgehalten werden, dass die Arbeitsforschung Subjektivierung vornehmlich in Arbeitsverhältnissen (vgl. etwa Bosančić 2012) diskutiert, die zumeist in Organisationen eingebettet sind, also etwa in konkreten Unternehmen. Ich fasse dies hier aber weniger gegenstandsbezogen als methodisch. Ich sehe Organisationen als Vermittlerinnen in Subjektivierungsprozessen, die empirisch zur Analyse eben dieser anvisiert werden sollen.

ferenziertes soziales Gefüge, das Subjektivierungsprozesse per se different strukturiert. Dieser Gedanke ist auch empirisch begründet: An unseren Daten fiel auf, dass sich Polizist*innen hinsichtlich der Ansprüche der vermehrten Kommunikation mit der Bevölkerung sowie der subjektiven Sicherheit positionierten. In den Analysen zeigte sich jedoch, dass sie dies nicht in einer generellen Weise taten (etwa indem sie ihre prinzipielle Meinung zu einem Mehr an Kommunikation darstellten), sondern sehr explizit als Beschäftigte der Polizei bzw. – noch konkreter – hinsichtlich ihres Verständnisses von polizeilicher Tätigkeit. Es erschien unplausibel, dies konzeptuell als dieselbe Subjektivierungsweise wie etwa jene von Passant*innen zu verstehen, da die Polizist*innen ihre Position gegenüber den organisationalen Ansprüchen einordneten. Wenn Bosančić (2019) darauf hinweist, dass „[m]enschliche Selbstverhältnisse jedoch nicht nur durch Diskurse konstituiert [werden]" (ebd., S. 60), sondern durch unterschiedliche Ebenen wie „das Milieu, die Biographie […], die sozial-räumlichen Prägungen durch Stadt oder Land" (ebd.), dann plädiere ich dafür, dass Organisationen jene Ebenen mitkonstituieren können und Subjektivierungsweisen gerade in diesen Kreuzungspunkten zu analysieren vielversprechend sein kann.

5.2 Die vignettenbasierte Fokusgruppe als methodisches Instrument für die Erforschung von Subjektivierungsweisen und latenten Sinnstrukturen

Gerade jüngere Debatten um die Subjektivierungsweisen von Wissensbeständen und Diskursangeboten (Bosančić 2019) weisen interessante Anschlussstellen an die Vignettenmethode in meinem Verständnis auf. Ich habe dies bereits im vorhergehenden Kapitel für den Fokus auf Organisationen dargelegt. Bei der Konstruktion der kurzen Geschichte für die Vignette können gesellschaftliche Debatten, Deutungsmuster und Diskursstränge eingeflochten und dann situativ analysiert werden. In diesem Sinne sehe ich die vignettenbasierte Fokusgruppe als Methode für situativ-wissenssoziologische Fragestellungen, allen voran für Fragen innerhalb der wissenssoziologischen Diskurs- und Deutungsmusteranalyse. Interviewmaterial, das sich aus dem Impuls durch eine Vignette ergibt, ist daher auf unterschiedlichen Ebenen gewinnbringend: Welche Situationsdeutungen (in der Tradition des Thomas-Theorems, Thomas/Thomas 1970 [1928]) werden verhandelt? Welche Elemente der Situation werden aufgegriffen, welche ignoriert? Wie wird die Situation weitererzählt? Welche sozialen Wissensbestände werden in Bezugnahme auf die Situation aufgerufen und verhandelt? Welche Deutungsmuster[16] lassen sich auffinden?

16 Ullrich (2019) hat jüngst für das *diskursive Interview* zwischen sozialen und individuellen Deutungsmustern sowie Derivationen unterschieden. Da man in Vignetten auch Diskurs-

Debatten um Subjektivierungsweisen sind nicht neu (etwa Bosančić 2019; Keller 2014b; Pfahl/Schürmann/Traue 2014). Konkrete Methodendebatten jedoch, die zu klären vermögen, wie sich Subjekte Diskursstränge oder Deutungsmuster aneignen, sind eine jüngere Entwicklung (Amling/Geimer 2016; Bosančić 2019; Geimer/Amling/Bosančić 2019; Rose 2019). In meinem Verständnis von Vignetteninterviews geht es mir dabei um Subjektivierungsweisen, die in Situationen wirksam werden. Gerade die Typisierung von Merkmalen, auf denen die Situationen in den Vignetten aufbauen, ermöglicht es, eben jene Subjektivierungsweisen von Diskurssträngen zu analysieren.

Beispiel: „Herumlungernde Jugendliche"

Die typisierten Geschichten meiner Forschung zu verunsichernden Orten beinhalteten realistische Elemente, etwa Obdachlose, die an einem Ort tatsächlich oft anzutreffen sind; Interaktionen, die wir beobachteten (etwa Betteln im öffentlichen Raum); Bewegungsflüsse, die einen Raum strukturierten (etwa Gehrouten zu den öffentlichen Verkehrsmitteln). Die Typisierung beinhaltete jedoch zumeist auch Elemente, die es zuließen, dass man einen Diskursstrang in die Diskussion dieser Elemente in der Fokusgruppe aufnahm: So waren etwa Asylwerber*innen im österreichischen Traiskirchen, die in der Erstaufnahmestelle für Asylwerber*innen ein- und ausgehen, natürlich eine Realität im öffentlichen Raum, aber in der gesamten Datenproduktion vor Ort nicht unbedingt die einzige oder dominante. Trotzdem haben wir sie in die Vignetten eingebaut, jedoch nicht als Asylwerber*innen, sondern als Jugendliche beschrieben, die mit Plastiksackerln[17] im öffentlichen Raum spazieren. Die Narration über die asylwerbenden Jugendlichen, die mit ihrem Hab und Gut in Plastiksackerln auf der Straße lungern und dabei die subjektive Sicherheit stören, begegnete uns während der ethnografischen Aufenthalte vor Ort immer wieder. Gerade die Vagheit der Vignetten ermöglichte es, dass man unterschiedlichste – auch diametrale – Erzählungen und Positionierungen rund um die diskursive Rahmung des besprochenen Ortes wählen konnte. Diese Wahl der Narration zu rekonstruieren, ermöglichte Rückschlüsse auf die Subjektivierung von Narrationen, Deutungsmustern sowie Diskurssträngen; in der Terminologie der interpretativen Subjektivierungsanalyse: die Rekonstruktion von Selbstpositionierungen, d. h. „die mehr oder weniger kreativ-eigensinnige Ausdeutung, Aneignung oder Ablehnung der Subjektpositionen" (Bosančić 2019, S. 49).

---

elemente (in der Tradition wissenssoziologischer Diskurstheorie, Miko-Schefzig 2019) einbauen kann, ist diese Unterscheidung durchaus auch für die Vignettenmethode anschlussfähig.

17 „Sackerl" ist ein österreichischer Ausdruck für Tüte.

Subjektivierungsweisen und latente Sinnstrukturen

Subjektivierungsweisen sind jene Weisen, in oder mit denen Subjekte die angebotenen Subjektpositionen annehmen, ablehnen, abändern, interpretieren u. v. m. Amling/Geimer (2016) haben darauf hingewiesen, dass man in reinen Interviewdaten keine Diskurse, sondern nur Spuren davon finden kann. Meinem methodologischen Verständnis nach möchte ich an dieser Stelle auch von „latenten Sinnstrukturen“ sprechen (vgl. Froschauer/Lueger 2020; Lueger 2010). Ich beziehe mich dabei auf den Strukturbegriff von Froschauer/Lueger (2020), der im Anschluss an den Begriff bei Oevermann (2001) entwickelt wurde, sich von diesem aber unterscheidet. Dabei definieren die Autor*innen die Funktion von Sinn im

> „Aufbau von Möglichkeiten im Rahmen lebensweltlicher Orientierung und in der *Reduktion von Komplexität*. Menschen und soziale Systeme finden auf dieser Basis Chancen, Plausibilitäten, Begrenzungen und Widersprüche in der Interpretation der sie umgebenden Welt.“ (Froschauer/Lueger 2020, S. 232)

Daraus ergibt sich dann weiter der Strukturbegriff der Autor*innen:

> „Der Prozess sinngenerierender Komplexitätsreduktion und dessen handlungspraktische Umsetzung lässt sich nun als Strukturierung fassen, auf deren Verständnis interpretative Analysen in ihren (re-)konstruktiven Bestrebungen abzielen.“ (Froschauer/Lueger 2020, S. 232)

Dies schließt auch an die hermeneutisch-textinterpretativen Auswertungsmethoden an (ebd.). Die erkenntnistheoretischen Prämissen der Hermeneutik geben einigen Aufschluss darüber, in welcher Weise in Interviewdaten Spuren von Diskursen zu finden sind.

> „Phänomene kommen nur in einem kommunikativen Prozess der Vergesellschaftung zur Geltung. Wie Menschen handeln, ist nicht bloß Resultat subjektiver Überlegungen oder Planungen, die Außenstehenden nicht zugänglich sind (gemeinter Sinn), sondern ist in einen kollektiv geformten lebensweltlichen Horizont aus Relevanzstrukturen und Typisierungen integriert.“ (Froschauer/Lueger 2003, S. 17)

Eben weil Relevanzstrukturen und Typiken kollektiv geformt sind, sind sie „aufs engste mit der Sprache verschränkt“ (Schütz/Luckmann 2003, S. 318). Schütz/Luckmann (2003) haben im Kapitel „Typik und Sprache“ einen Ansatzpunkt gegeben, wie ganz konkret (ohne dass sie das explizit auf Interviews bezogen hätten) sprachliche Wissensordnungen in Interviews zu finden sind; zudem sind sie auch auf die Wandlungsfähigkeit solcher Typiken eingegangen, was im besonderen Maße für wissenssoziologische Fragestellungen relevant ist bzw. für die diskursive Analyse neu entstandener Deutungsmuster, auf die in Interviews sprachlich oder performativ rekurriert wird.

> „Der weitaus größte Bereich lebensweltlicher Typisierungen ist sprachlich objektiviert. Das, was für den Einzelnen typisch relevant ist, war meist schon für seine Vorgänger typisch relevant und hat folglich in der Sprache semantische Entsprechungen abgelagert. Kurzum, die Sprache kann als die Sedimentierung typischer Erfahrungsschemata, die in einer Gesellschaft typisch relevant sind, aufgefaßt werden. Der Bedeutungswandel der Sprache kann folglich als eine Folge von Veränderungen in der sozialen Relevanz gegebener Erfahrungsschemata betrachtet werden." (ebd., S. 319)

Diskurse sind vielfältig auffindbar, sei es in Artefakten, in Subjektpositionen, auch in Praktiken, die ja oftmals implizit auf sprachliche Ideen rekurrieren. In Interviewdaten sind sie dort zu finden, wo auf kollektive Deutungsmuster zurückgegriffen wird, die eben nicht eine individuell-psychologische Meinung eines Individuums spiegeln, sondern nur erklärbar sind, weil auf ein gesellschaftlich geteiltes Wissen zurückgegriffen wird. Für die Subjektivierungsweisen ist diese Tatsache dann relevant, wenn hermeneutisch rekonstruiert werden kann, wie dieses kollektive Interpretationsschema Sinn in der Deutung der eigenen Handlungsoptionen ergibt. „Die Menschen fühlen sich halt immer unsicherer, deshalb brauchen wir mehr Videokameras" ist nicht die individuelle polizeiliche Einschätzung eines Inspektors, sondern ein Erklärungsmodell gesellschaftlicher Ordnung, die aus der Sicht des Interviewten wiederhergestellt werden muss, weil er zu wissen meint, wie alle anderen fühlen. „Spuren von Diskursen" (Amling/Geimer 2016) lassen sich dann in Interviewdaten finden, wenn man diese mit anderen Daten aus dem Diskurskorpus gegenschneidet. Es muss intersubjektiv nachvollziehbar sein, dass im Interviewmaterial Deutungsmuster gefunden werden, die sich an unterschiedlichen gesellschaftlichen Stellen wiederfinden. Gerade deshalb ist es mein Anliegen, in der wissenssoziologischen (besonders auch in der diskursanalytischen) Betrachtung die Meso- und Mikroebene einzubeziehen. Bosančić (2019) weist darauf hin, dass „[o]hne die empirische Doppelperspektive die Relation von Subjektordnungen einerseits und den Selbst-Positionierungen menschlicher Akteure andererseits nicht eindeutig rekonstruiert werden [kann]" (ebd., S. 59). Erst wenn diskursive Muster unterschiedliche Ebenen durchdringen, wird spürbar, in welcher Weise sich Subjekte Diskurse aneignen. In der Konstruktion von Vignetten ist mir dabei der „Subjektivierungskontext" (ebd.) in Situationen zentral.

5.3 Rückschlüsse aus dem transformatorischen Potenzial von Vignetten für ein wissenssoziologisches Situationsverständnis

Um analytische Rückschlüsse aus dem transformatorischen Potenzial von Vignetten für wissenssoziologische Fragestellungen zu ziehen, muss man sich meines Erachtens dem Akteurskonzept dieser Strömung zuwenden, um auf dieser Grundlage zu reflektieren, was in den bereits im Kapitel 4.2 erwähnten „moments of possibility“ (Khasnabish/Haiven 2012) zu beobachten war. Wenn die Akteur*innen aufeinandertreffen und sich soziale Positionen tatsächlich zumindest temporär aufweichen, was lässt sich dann über das Verhältnis zwischen Deutungsmuster, Selbst- und Fremdpositionierungen und Subjektivierungsweisen sagen?

Das Akteurskonzept der wissenssoziologischen Diskurstheorie besteht zunächst aus vier Positionen, die als eigenständig und trotzdem ineinander verschränkt und nicht ohneeinander zu denken sind: Diese sind (i) die Akteur*innen, (ii) die Subjektpositionen, (iii) die Sprecher*innenpositionen sowie (iv) die Subjektivierungsweisen. Ich möchte diese vier Positionen am Beispiel der Schubhäftlinge detaillierter beschreiben.

Unter Akteur*innen werden sowohl individuelle als auch kollektive verstanden. Es handelt sich dabei um deutende Subjekte, die in vorgegebene Strukturen intervenieren können. In meinen Forschungszusammenhängen wären dies etwa die Schubhäftlinge, die Soziale Arbeit in den Schubhaftzentren oder die Polizeibeamt*innen. Bei den Subjektpositionen handelt es sich um Subjekt*modelle*, die oft in Dichotomien angelegt sind, etwa „umweltbewusste*r Bürger*in“ und „Umweltverschmutzer*in“ oder „jene, die auf Sicherheit achten“ und „die anderen, wegen derer man überhaupt verunsichert ist“. Im Falle der Schubhaft sind es jene, die sich rechtmäßig im Land aufhalten und die „unrechtmäßig Aufhältigen“ (Anderson/Gibney/Paoletti 2011). Es handelt sich bei Subjektpositionen also um Positionierungen und Adressierungen sozialer Akteur*innen. Davon zu unterscheiden sind die konkreten Sprecher*innenpositionen. Bei diesen handelt es sich um „Positionen in institutionellen bzw. organisatorischen Settings und daran geknüpfte Rollenkomplexe“ (Keller 2011, S. 216). Ein Beispiel für eine neuere Sprecherposition ist etwa der „Sicherheitsbürger“ (im Original nicht gegendert), eine gesellschaftliche Position, die in den letzten Jahren geschaffen und über die subjektive Sicherheit legitimiert wurde. Besonders gut lässt sich diese Position mit einem Zitat aus der Tageszeitung *Der Standard* veranschaulichen. Es entstammt einem Artikel zur Einführung der Sicherheitsbürger*innen. Über den Prozess der Implementierung wird geschrieben:

> „Dies soll über die Jahre durch stärkere Einbindung der Bürger in die Polizeiarbeit stattfinden, *um das Sicherheitsgefühl* der Bevölkerung *zu erhöhen.* […] Als Sicherheits-

> bürger hält Mahrer Menschen für geeignet, die besonders gut vernetzt sind, ‚wie etwa der Obmann eines Kleingartenvereins oder eines Einkaufstraßenvereins'." (derstandard.at 2016; Hervorhebung durch die Autorin)

Sprecher*innenpositionen ergeben sich durch institutionelle Verortung und organisationale Einbettung. Ich werde auf diesen letzten Punkt weiter unten nochmals zurückkommen. Die Sprecher*innenposition ist also eine, aus der heraus man sprechen kann. Derartige Positionen ergeben sich auch aus der Mitgliedschaft in Organisationen – im Bereich der Schubhaft etwa, wenn man bei Organisationen wie der Volksanwaltschaft oder „Asyl in Not" arbeitet.

Gänzlich davon zu unterscheiden ist die Subjektivierung(-sweise), und auf dieser Ebene setze ich die vignettenbasierte Fokusgruppe an.

> „Vor dem Hintergrund der interpretativ-sozialkonstruktivistischen Tradition ist davon auszugehen, dass die diskursiv Angesprochenen darauf [auf die Subjektpositionen] nach Maßgabe eigener Auslegungen, Erfahrungen, Relevanzen und Freiheitsgrade des Handelns (re)agieren. [...] Das kann sich im gesamten Spektrum möglicher Reaktionsformen entfalten: als bemühte Einnahme der gewünschten Subjektposition, als ihre Subversion, als Fehlinterpretation, als Adaption in Teilen, als Umdeutung, als Ignorieren, als hochreflexive Auseinandersetzung oder naiver Vollzug usw." (Keller 2014b, S. 90)

Was wir also nicht wissen ist, wie etwa der oder die tatsächliche Inhaber*in der Position Sicherheitsbürger*in diese Rolle auslegt. Als Vernaderung[18] („Endlich kann ich direkt zur Polizei gehen und sagen, was mich stört!") oder als Diversity Manager des öffentlichen Raums, der um die Integration vielfältiger Bedürfnisse in diesem Raum bemüht ist.

Was meine Forschung zur Schubhaft angeht, wird eine solche Subjektivierungsweise sehr schön durch das folgende Zitat veranschaulicht: „We are asylum seekers. We are no criminals". Die Subjektposition des „unrechtmäßig Aufhältigen" wird hier von dem Schubhäftling zurückgewiesen. Trotzdem: Die Differenzsetzung zwischen rechtmäßigem und unrechtmäßigem Aufenthalt (Anderson/Gibney/Paoletti 2011) produziert unterschiedliche Sinnlogiken, die in den Situationen der Schubhaft wirksam werden bzw. die einen diskursiven Kontext für die alltäglichen Situationen zwischen Schubhäftlingen und den Beamt*innen liefern. Diese unterschiedlichen Sinnlogiken sind natürlich auch in der vignettenbasierten Fokusgruppe wirksam. Am Beispiel der Schubhaft möchte ich nun veranschaulichen, wie die Aushandlungen („negotiations" im Sinne von Strauss

---

18 „Vernaderung" ist ein österreichischer Terminus für Verleumdung bzw. Denunziation; der Duden verwendet als Beispiel „jemanden bei der Polizei vernadern". In diesem Kontext wird es im Österreichischen oft gebraucht.

1993) innerhalb der vignettenbasierten Fokusgruppen und ihre transformatorischen Folgen aus wissenssoziologischer Sicht zu bewerten sind. Dabei greife ich wieder auf mein Situationsverständnis in Abbildung 9 zurück, d. h. Situationen werden aus ihrem Kontext fokussiert. Den Kontext für die alltäglichen Situationen der Schubhaft setze ich dabei wieder auf der Ebene der Organisation und der Ebene der Diskurse an.

Die situative Annahme von Subjektpositionen und deren Folge

Durch die wechselseitige Perspektivenübernahme zwischen Beamt*innen und Schubhäftlingen und dem für beide Gruppen neuen Interaktionskontext, d. h. der gemeinsamen Anwesenheit in einer Fokusgruppe, kam es zu einer Neuorientierung zwischen den zwei Akteur*innen und, darauf basierend, zu neuen Deutungsmöglichkeiten der Situation Schubhaft. Durch die Teilnahme an der vignettenbasierten Fokusgruppe war es den Schubhäftlingen möglich, die dominierende Subjektposition zumindest kurzfristig zu verlassen und als Expert*innen innerhalb eines Forschungsprojektes in Erscheinung zu treten. De Genova (2007) spricht von der in den Körpern von Schubhäftlingen eingeschriebenen „deportability" und „detainability", was nur unzureichend ins Deutsche übersetzt werden kann. Die englische Endung „ability" impliziert die Ermöglichung oder Befähigung, durch staatliche Institutionen inhaftiert und abgeschoben zu werden. Im Kontext unseres Forschungsprojektes wurden die Häftlinge aber für die kurze Zeit des Forschungsprojektes zu Expert*innen ihres Umfeldes gemacht – eine Position, von der aus sie in einer Expert*innenrolle sprechen konnten (zu den Grenzen solcher Prozesse siehe Miko-Schefzig/Reiter 2018).

Der wechselseitige Austausch der Perspektiven ermöglicht es, einander zu verstehen und für die Situation des/der anderen zu sensibilisieren. So meinte etwa ein Schubhäftling: „Aber trotzdem, also die müssen die Beamtenseite auch verstehen. Wenn die keine Probleme machen, dann … Also die Beamten sind auch wirklich … das sind auch Menschen, die machen ihren Job halt. Fertig". Und ein Polizist wiederum sagte: „Sicher ist es scheiße – Entschuldigung –, wenn man jetzt fünf Jahre hier ist und man hat hier vielleicht jetzt ein Leben und dann muss man nach Bosnien, und dort hat man vielleicht niemanden oder keine Familie. Das ist ja auch … Das muss man sich ja auch einmal vorstellen". Was wir in den Fokusgruppen also feststellen konnten, war eine Irritation der Selbst- und Fremdpositionierung. Man sah sich – alltagssprachlich ausgedrückt – nach den Fokusgruppen mit anderen Augen. Somit wurde die gegenseitige Perspektivenübernahme zur Grundlage für jede weitere Interaktion mit der jeweils anderen Gruppe. Dass aber dieses Verlassen von Positionierungen durch eine scheinbar kleine Intervention möglich war, sagt etwas Prinzipielles über Subjektivierungsweisen: dass sie nämlich relational und spezifisch zur Situation (Miko-Schefzig 2019) sind.

Ich habe bereits über die verschiedenen Kontexte von Situationen gesprochen. Diskursive Muster, zu denen auch die Subjektpositionen – also die gesellschaftlich verfügbaren Adressierungen – gehören, stellten einen dieser Kontexte dar. Die Schubhaft verstehe ich als organisationale Materialisierung der Subjektposition des „unrechtmäßig Aufhältigen". Jede Interaktion in jeder Situation ist geprägt durch diesen Rahmen. Gleichzeitig wird dieser – einem interpretativen Organisationsverständnis folgend – dadurch erst verfestigt oder ermöglicht sozialen Wandel.

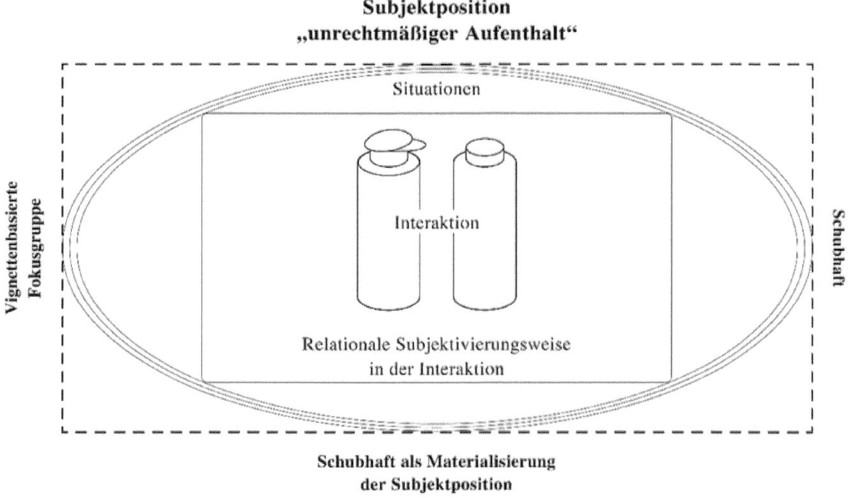

Abb. 16: Relationale Subjektivierungsweisen in der Interaktion

Abbildung 16 veranschaulicht, dass wir mit methodischen Mitteln den Kontext der Situation kurzfristig veränderten. Ich habe diese Prozesse in den vorangegangenen Kapiteln beschrieben. Selbstverständlich befanden sich in der vignettenbasierten Fokusgruppe noch immer alle Akteur*innen in der Schubhaft, es wurde aber ein zweiter Kontext, nämlich die Teilnahme als Expert*in an einem Forschungsprojekt, hinzugefügt. Diese kleine Intervention relativierte die bisher dominante Position, d. h. die Eigen- und Fremdpositionierung. Oder, anders ausgedrückt: Die Subjektivierungsweisen kamen kurzfristig ins Wanken. Dass dies möglich ist, zeigt den starken situativen Einfluss auf Subjektivierungsweisen, ein Aspekt, der in der jüngeren Ausformulierung dieses Konzeptes (etwa Bosančić 2019) sicher mitgedacht, aber noch wenig explizit gemacht ist. Deppermann (2013) beschreibt einen ähnlichen Prozess für die „aktuellen Interaktionen" in Interviews und das Verhältnis von Interviewenden und Interviewten.

> „Selbst- und Fremdpositionierungen beinhalten die Zuschreibung und Inanspruchnahme von Facetten sozialer und personaler Identität wie die Zugehörigkeit zu sozia-

len Gruppen oder psychologische und moralische Eigenschaften. Weitere wichtige Komponenten der Positionierung sind Agency (Deppermann i. Dr.; Lucius-Hoene 2012), d. h., die Zuschreibung von Aktivität vs. Passivität, Autonomie vs. Heteronomie, Schuld, Verantwortung und Leistung und der Ausdruck individueller normativer und emotionaler Bewertungsperspektiven. Selbst- und Fremd-Positionierungen werden sowohl auf der Ebene der Darstellung bzw. Geschichte als auch auf der Ebene der aktuellen Interaktion im Interview vollzogen (Bamberg & Georgakopoulou 2008; Lucius-Hoene & Deppermann 2004b). Sie betreffen sowohl das erzählte wie auch das erzählende Selbst.“ (Deppermann 2013, § 46)

5.4 Die vignettenbasierte Fokusgruppe als Möglichkeit der Analyse von Eigen- und Fremdzuschreibungen: Einige Analysebeispiele

Sich in der vignettenbasierten Fokusgruppe auf andere Logiken und Sichten auf die Situation einzulassen, stellte per se eine Irritation, etwa der bisherigen Polizeilogik, dar. Ich möchte nun die vignettenbasierte Fokusgruppe in Traiskirchen, wo sich das Erstaufnahmezentrum für Asylwerber*innen befindet, heranziehen, um in den Antworten die Multiperspektivität der Fokusgruppe zu veranschaulichen. Traiskirchen bot sich besonders gut als empirisches Beispiel für die Beantwortung der Forschungsfrage nach dem Deutungsmuster subjektive Sicherheit an, weil dieser Ort österreichweit permanent Teil des Diskurses über Sicherheitsfragen ist. Das Erstaufnahmezentrum für Asylwerber*innen, im Mediendiskurs als „das Flüchtlingslager“ tituliert, ist ein diskursiver Knotenpunkt, dessen Nennung bereits die Konnotationen Sicherheit, Geflüchtete, Kriminalität, Migration nach sich zieht. Unsere Erwartung war, dass gerade an diesem Ort die vignettenbasierte Fokusgruppe besonders gut funktionieren würde, weil die Auswirkungen der medialen Rahmung schon in den ethnografischen Daten so stark sichtbar wurden. Diese Erwartung wurde erfüllt. Dazu ein Beispiel: Ein Autohändler vor Ort erklärte uns, dass Traiskirchen aus wirtschaftlicher Sicht ein genauso attraktiver Standort sei wie das benachbarte – sehr reiche – Mödling (beide Orte liegen im sogenannten Speckgürtel von Wien). Er selbst hätte sich aber dafür entschieden, auf seine Visitenkarten zwar die korrekte Adresse, jedoch „Mödling“ zu schreiben – trotz seines Standortes in Traiskirchen. Er mache dies deshalb, weil der Ort Traiskirchen einen solch schlechten Ruf habe, dass er nicht in die Situation kommen möchte, über Traiskirchen zu sprechen. Im medialen und politischen Diskurs, so der Befragte, werde sehr oft über die Traiskirchner Bevölkerung gesprochen, die sich nicht mehr sicher fühle.

Die Vignette, die in einer heterogen zusammengesetzten Gruppe diskutiert wurde, lautete so:

Traiskirchen
Es ist Mittwochnachmittag und Sie gehen auf der Otto Glöckel-Straße. Zwei Jugendliche in Jogginganzügen und mit gefüllten Billasackerln gehen vor Ihnen und nähern sich der Karl Theuer-Straße. An dieser Ecke steht ein Polizeibus, in dem zwei Polizisten sitzen. Die zwei Jugendlichen werden offensichtlich nach ihren Ausweisdokumenten gefragt, die sie sofort aus ihren Jackentaschen holen und durch das Busfenster in das Fahrzeuginnere geben. Wenige Augenblicke später werden ihnen die Dokumente zurückgegeben und die Jugendlichen gehen weiter.

Abb. 17: Vignette zu Traiskirchen

An der Fokusgruppe nahmen ein Lokalpolitiker, ein Polizist, ein Wirtschaftstreibender und ein Jugendarbeiter teil. Zunächst ist zu sagen, dass die beschriebene Situation im Allgemeinen, aber auch in Details – zum Beispiel das „Billasackerl" auf der Artefaktebene – als situationsrelevant affirmiert wurde. Die Situation war auf Basis der zuvor durchgeführten Datenproduktionen an die Lebenswelt der in Traiskirchen lebenden bzw. arbeitenden Menschen anschlussfähig. So meinte etwa ein Gewerbetreibender:

Traiskirchen
„Ich fahr ja tagtäglich in der Früh und am Abend und oft auch tagsüber da beim Lager vorbei und da sehe ich auch immer wieder diese Kontrollen und das mit den Sackerln, die sind manchmal leer, manchmal voll – meistens sind es die Bierflaschen oder die Sixpacks, die dann irgendwo auf der Straße herumliegen. Da beginnt ja schon die Sicherheit, weil wenn man dann vielleicht mit dem Auto drüberfährt oder die Kinder verletzen sich am Schulweg, dann ist das schon ein Problem."

Abb. 18: Reaktion eines Gewerbetreibenden

Zwei Aspekte der Antwort möchte ich an dieser Stelle herausgreifen. Zum einen die methodische Relevanz situationsrelevanter, empirisch generierter Details, in diesem Fall das Artefakt Sackerl, für die vignettenbasierte Diskussion: Sind die Konstruktionselemente der Vignette für die Teilnehmenden in ihrer Lebenswelt relevant, entspinnt sich daraus eine sehr konkrete Diskussion, die tatsächlich auf Handlungen, Praxen und Artefakte der Situation Bezug nimmt. Dies ist die methodische Grundvoraussetzung für einen regen Mehrpersonenaustausch.

Zum anderen gab es in dieser Vignette noch den zusätzlichen Vorteil, dass die – in der Vignette so nicht benannten – „herumlungernden, Sackerl tragenden Flüchtlinge" Teil des medialen und politischen Diskurses waren. In der Diskussion wurden erlebte und aus dem diskursiven Hintergrundrauschen (ich habe das an anderer Stelle [Miko-Schefzig 2019] „schlummerndes Potenzial" und „Vorstufe der Subjektivierung" genannt) mitgenommene Geschichten vermischt. Diese Tatsache machte empirisch greifbar und der Analyse verfügbar, welche Elemente eines Diskurses in den Wissensbestand einer konkreten Person übergegangen waren bzw. in welcher Weise sie Teil von Deutungen und/oder Handlungslogiken geworden waren. Der Gewerbetreibende endet in diesem Ausschnitt mit einer Überleitung der Situation zu einer Sicherheitsdebatte. Dabei ist auch ein rhetorisches Muster erkennbar, das wir in den vielen Interviews wiederholt gefunden haben: Zur eigenen Geschichte wird eine zusätzlich bedrohte Gruppe, zumeist Kinder, Frauen oder ältere Personen, hinzugefügt.

In der Analyse von Vignetten wird also beachtet, welche Elemente der Vignette mit welchen Erzählsträngen verbunden werden. Ein weiterer Aspekt, der in der Analyse Beachtung findet, ist, welche Elemente der Vignette überhaupt in die Erzählung aufgenommen werden. In der obigen Antwort sind das das Billasackerl, die Kontrolle und implizit die Jugendlichen, die in dieser Antwort nicht als Asylwerber*innen markiert, jedoch mit einem Sicherheitsproblem verbunden werden. Anders fällt die Weitererzählung im nächsten Gesprächsbeitrag aus:

Traiskirchen

„Also meine Beobachtung ist, dass in erster Linie Menschen kontrolliert werden, die sozusagen als Flüchtlinge gespottet werden. Und sonst nicht. Es werden in erster Linie Menschen kontrolliert, die offensichtlich nicht Österreicher sind und das halte ich persönlich für falsch."

Abb. 19: Reaktion eines Sozialarbeiters in der Jugendarbeit

Der Sozialarbeiter wählt die Kontrollsituation durch die Polizei aus und markiert die in den Vignetten erwähnten Jugendlichen als Geflüchtete. Die Erzählung (hier nur ein Ausschnitt präsentiert) nimmt einen anderen Verlauf und die Situation wird different ausgedeutet, nämlich als zu reflektierende Kontrollsituation an Nicht-Österreicher*innen. Interessant dabei ist, dass in der obigen Vignette nicht angesprochen wird, dass es sich um Nicht-Österreicher*innen handelt. Auch hier werden Elemente der Vignette mit eigenen Erzählungen, Ausdeutungen und Relevanzen verbunden. Dabei ist es wichtig zu zeigen, wie tief verwurzelt prinzipiell das Deutungsmuster ist, sodass unterschiedliche Gesprächsteilnehmer*innen darauf rekurrierten. Die folgenden drei Beispiele zeigen an, in welcher (sprachlichen) Form die subjektive Sicherheit eingebracht wurde:

Traiskirchen

„Was tatsächlich ein Problem ist, ist dass es sozusagen ein bewusstes Screening von Flüchtlingen gibt. Das ist weder beruhigend für die Traiskirchner*innen als subjektives Gefühl, wenn da dreimal einer kontrolliert. Das hat mit dem Polizeidenken und Sicherheitslogiken zu tun, dass das von der Gesellschaft verlangt wird. Also da in der Glöckel-Straße kennst es eh, nur dass die Leute, die eh schon drinnen wohnen, das hat auch nichts mit der Hausordnung zu tun, die geht ja die Polizei nix an, was die dort mit reinnehmen, weil das betrifft dann den Torposten dort, was Aufenthaltsgenehmigung und Zeitüberschreitung betrifft."

Abb. 20: Reaktion eines Lokalpolitikers

An der Reaktion des Lokalpolitikers ist in diesem Zusammenhang relevant, dass er der Kontrolle in der Vignette eine ganz spezifische Legitimation zuspricht: nämlich die Beruhigung der Bevölkerung. Er steht dem Konzept der subjektiven Sicherheit ablehnend gegenüber, thematisiert es aber von sich aus. Der Sozialarbeiter in der Jugendarbeit in Abbildung 21 verfolgt eine ähnliche Argumentationslinie – auch hier fällt auf, dass der Bezug zur subjektiven Sicherheit rasch hergestellt wird. In diesem Falle mit einer zusätzlichen Frage an sich selbst: Beruhigt mich dieses Verhalten?

Traiskirchen

„Also ich persönlich empfinde Kontrolle nicht als sicherheitsvermittelnd, ja? Also, wahrzunehmen, dass andere Menschen kontrolliert werden, aufgrund welcher Faktoren auch immer, sei es jetzt auch eine Verkehrskontrolle, empfinde ich nicht als sicherheitsvermittelnd. Ganz im Gegenteil, ich empfinde das eher als Einschüchterung."

Abb. 21: Reaktion eines Sozialarbeiters in der Jugendarbeit

Verschiedene Aspekte des Narrationsverlaufs konnten in der Fokusgruppe herausgearbeitet werden. Die unterschiedlichen Erzählverläufe hatten zunächst mit der unterschiedlichen Deutung der Situation zu tun. Die vignettenbasierte Fokusgruppe kann hier mittels einer empirisch generierten und durch Analyse typisierten Situation möglichst viele Ankerpunkte dieser Situation anbieten, auf die die Interviewten reagieren können. Im Unterschied zu anderen Elizitierungsverfahren (siehe Kapitel 2), sind diese Ankerpunkte typisiert und empirisch in Daten fundiert, kurz: „grounded" (vgl. Strauss/Corbin 1996).

Zuletzt nun ein Ausschnitt aus der Erzählung des anwesenden Polizisten:

Traiskirchen

„Es geht auch um Präsenz. So. Und ich verurteile das selbst, hinsichtlich Präsenz, es genügt meiner Meinung nach nicht, wenn ich jetzt hergehe und irgendwo stehe und ich mir die Gegend anschaue oder ich sitze im Auto. Damit vermittle ich kein Sicherheitsgefühl. Als Sicherheitsorgan habe ich tätig zu werden. Aber nicht als Auftrag, sondern diese Schwerpunktaktionen, die hier genannt worden sind, das ist ja sowieso. Und ob das jetzt einen politischen Hintergrund hat oder nicht, ich glaub, das können wir vergessen, weil darum geht es nicht."

Abb. 22: Reaktion eines Polizisten

Das Verhältnis von Einzeläußerung und Gruppenmeinung

An dieser Stelle scheint es wichtig klarzustellen, dass die Einzeläußerung im Rahmen eines Gruppensettings nicht mit der Repräsentation einer einheitlichen Gruppenmeinung verwechselt werden darf. Im Folgenden zeige ich, wie ich eine Äußerung in der Gruppe in Erkenntnisse einordne, die ich bereits aus anderen Materialien und Analysen dazu generiert habe. In meinen Forschungen zum polizeilichen Handeln im öffentlichen Raum habe ich zwischen den zwei Idealtypen „unsichere*r Polizist*in" und „Beweiser*in" unterschieden und aufgezeigt, dass hier zwei unterschiedliche organisationale Logiken sichtbar werden, die in Zusammenhang mit der subjektiven Sicherheit stehen. Die Hinwendung der Polizei zur subjektiven Sicherheit kann besonders gut mit der polizeilichen Strategie des Community Policings erklärt werden. Es handelt sich dabei um eine polizeiliche Strategie, die den Kontakt zum*zur Bürger*in, zur Community als Kernaufgabe definiert. Es ist eine eher weiche Polizeistrategie, hauptsächlich im Sinne der Prävention. Sehr oft wird von der Führungsebene dabei kommuniziert, dass man damit auch die subjektive Sicherheit der Bevölkerung steigern könne. In der Studie sahen wir, dass die Rede von der subjektiven Sicherheit als diskursives Feld innerhalb der Organisation zwei Typen von Subjektivierungsweisen zeigte: Jene Polizist*innen, die dieser Erweiterung Positives abgewinnen konnten, deren eigenes Selbstbild als Polizist*in zunächst aber verunsichert wurde. Demgegenüber standen die opponierenden Beamt*innen (die Beweiser*innen), die ihre Rolle klar in der Abwehr von strafrechtlich relevanten Taten sahen und dieser „Gefühlsduselei" wenig abgewinnen konnten. Diese zwei Typen entstanden aus der Frage, in welcher Form sich Polizist*innen zur vermehrten Aufmerksamkeit gegenüber der subjektiven Sicherheit als polizeiliches Handlungsfeld positionieren. Ich spreche in diesem Zusammenhang – wie vorher dargelegt – von organisationalen Subjektivierungsweisen. Da von der polizeilichen Führung vermehrt verlangt wurde, die subjektive Sicherheit der Bürger*innen in der polizeilichen Arbeit ernst zu nehmen, bildeten sich innerhalb der Belegschaft zwei idealtypische Subjektivierungsweisen zu diesem organisationalen Diskurs aus (der außerdem auch medial breit geführt wurde, siehe dazu Miko-Schefzig 2019). Der*die „unsichere*r Polizist*in" erlebt im Einbezug der Gefühlsebenen („Wie geht es den Bürger*innen?") eine Verunsicherung der bisherigen Handlungslogik („wahr oder falsch" bzw. gemäß dem Gesetz oder eben nicht). Der Einbezug der Frage „Für wessen Sicherheit handle ich eigentlich?" wird jedoch auch als Bereicherung erlebt. Das diskursive Element in der direkten Zusammenarbeit mit der Bevölkerung wirkt zwar verunsichernd, wird aber in die tägliche Arbeit integriert. Anders bei dem oder der „Beweiser*in": Er*sie versteht nicht, weshalb man „auf jeden Zug aufspringen muss" und erlebt den Einbezug der Gefühlsebene als überflüssig. Diesem Typus geht es darum zu beweisen, wer in einer Situation letztlich recht hatte. Der*die Beweiser*in möchte etwas tun, er*sie möchte handeln und das nach klaren Vorgaben.

Wie zuvor beschrieben (Kapitel 5.1) ist der Einsatz von Vignetten für mich eine Möglichkeit, auch die Organisationsebene in die Situationsforschung einzubeziehen. In dem Gesprächsausschnitt aus Abbildung 22 bezieht sich dies ganz konkret auf die divergierende Handlungslogik bzw. die Entscheidungssituation Polizeipräsenz ohne Eingreifen vs. Polizeipräsenz und Tätigwerden. Beide Optionen werden jedoch mit dem Ziel der Herstellung des subjektiven Sicherheitsgefühls verbunden – ein Ziel, das in der Organisation tief verwurzelt scheint. Dieses Beispiel veranschaulicht aber auch beide Logiken, die polizeilich vorherrschen. Denn tätig zu werden bedeutet ja, eine ganz konkrete Handlung setzen zu können, die im Falle der Polizei immer auf Gesetzen basieren muss.

Der Wunsch, subjektive Sicherheit mit einer konkreten Handlung („tätig werden") herzustellen, ist groß, reicht aber nicht. In diesem Sinne ist dieser Fall ein Hybrid dieser zwei konkurrierenden Logiken, denn im Unterschied zum obigen Beispiel des Polizisten, der die Beziehung zur Bevölkerung kritisch sieht, gibt es in diesem Fall den Wunsch und den Anspruch an das eigene Tun, subjektive Sicherheit herzustellen. In diesem Sinne kann man hier von einer Subjektivierungsweise sprechen, die auf beide organisationale Logiken zurückgreift.

Gruppenerzählung und Analyse des Gesprächsflusses

Die vignettenbasierten Fokusgruppendiskussionen erweiterten die inhaltlichen Ergebnisse aus den Einzelinterviews des Projektes um die Gruppenperspektive. Die Beobachtung von Personen aus unterschiedlichen Bereichen und hierarchischen Ebenen der Polizeianhaltezentren in der Diskussion ließen über das Gesagte hinaus auf die Beziehungen und die Dynamik unter den Betroffenen schließen. Da wir mit den Einzelpersonen aus den verschiedenen Gruppen (z. B. Schubhäftlinge, Beamt*innen) vorab Einzelinterviews geführt hatten, sahen wir sehr konkret, dass anhand der Szenarien Dinge zur Sprache kamen, die im Einzelgespräch nicht angesprochen worden waren.

Gerade bei natürlichen Gruppen ist der Verlauf des *Gesprächsflusses* (Froschauer/Lueger 2020) eine wesentliche Komponente, da die „Erschließung *prozessdynamischer Aspekte* komplexer und intern hochdifferenzierter sozialer Felder" (ebd., S. 139 f.) für die Erforschung des Kontextes solcher Felder besonders gewinnbringend ist. Die Analyse des Gesprächsflusses verorten Froschauer/Lueger (2020) innerhalb der von ihnen entwickelten Systemanalyse. Einer Analyse, die sich ebenfalls in die hermeneutischen Verfahren einordnet, aber auf die Analyse sozialer Systeme, und hier besonders auf organisationale Zusammenhänge, fokussiert, was für Gespräche im organisationalen Rahmen, etwa Schubhaftzentren, sehr gewinnbringend ist. Wie ich an anderer Stelle schon ausgeführt habe, ist die Gruppe in der vignettenbasierten Fokusgruppe keine natürliche, sondern eine typisierte. Das Teilen eines situativen Kontextes und die Prozessdynamik, die einer offenen Erzählung innewohnt („Wie geht die Erzählung in der Vignette weiter?“), machen jedoch eine Beachtung des Gesprächsflusses bei Interviews unter Einsatz von Vignetten sinnvoll. Am Beispiel der folgenden Vignette zur Essensausgabe im Schubhaftzentrum möchte ich den Fokus nun auf die gegenseitige Bezugnahme legen.

Vignette „Essensausgabe“: Essen als Beispiel für die Bedeutung von gegenseitigem Respekt

In der Vignette von Abbildung 23 wird ein Konflikt rund um die Essensausgabe in einem österreichischen Polizeianhaltezentrum beschrieben. Die Situation ist auf einen Frauenstock zugeschnitten. Die Anwesenden (in diesem Fall ausschließlich Männer) einigen sich darauf, dass sie die Vignette auf den Männerstock umlegen, da die Situation als sehr bekannt und häufig beschrieben wird. So komme es immer wieder einmal vor, dass Angehaltene jemandem etwas nachwerfen oder dass ihnen etwas „runterfällt“. Ich erwähne das Besprechen einer Situation aus dem Frauentrakt für den Männertrakt hier vor allem, weil es zeigt, dass die Anschlussfähigkeit aus den empirisch begründeten typischen Konflikten entsteht und nicht auf Basis einfacher sozialstatistischer Merkmale. Die Vignette beschreibt einen unspezifischen Konflikt während der Essensausgabe. An der Fokusgruppe nahmen Wissenschaftler*innen, ein Stockwerksbeamter, der dienstführende Beamte, ein Häftling und ein Hausarbeiter[19] teil. Im Folgenden möchte ich nun zeigen, in welcher Weise wir die Diskussion analysiert haben.

Polizeianhaltezentrum XX (anonymisiert)

Frauenstock. Essensausgabe. Die Hausarbeiterin holt die beiden Beamtinnen zu einer Zelle. Die sechs Insassinnen drinnen rufen etwas in verärgertem Ton. Sie werfen Joghurts mit überschrittenem Ablaufdatum auf den Boden.

Abb. 23: Vignette Essensausgabe

Zunächst kann man festhalten, dass Essen sowohl für die Schubhäftlinge als auch für die Beamt*innen ein emotionales Thema ist. Dies zeigte sich sowohl in den Interviews und den Beobachtungen als auch in den vignettenbasierten Fokusgruppen. Wie ein Häftling es ausdrückte: „Sehen Sie, alles hängt vom Essen ab. Alle Inhaftierten beschweren sich, wenn es um das Essen geht“. Das hängt auch damit zusammen, dass die Essenszeiten dem Tag eine Struktur geben. Außerdem hängt das Essen stark mit der Identität der Inhaftierten zusammen. Für die Häftlinge unterbricht das Essen die lähmende Monotonie, die den Alltag in den Poli-

19 Hausarbeiter*innen sind ebenfalls Häftlinge, die aber Aufgaben im Stockwerk übernehmen und als Vermittler*innen zwischen den Beamt*innen und den Häftlingen gelten.

zeianhaltezentren im Allgemeinen kennzeichnet: „Ich zähle die Sekunden, eins, zwei …" Zugleich ist das Essen zumeist kulturell geprägt. Ein Beispiel dafür ist das im Deutschen sprichwörtliche „Abendbrot". Nigerianische Häftlinge erzählten uns,[20] dass die Menge an Brot, die sie essen, ihrer Meinung nach ungesund sei: „Sie wollen uns mit Käse und Brot umbringen". Ein anderer Häftling erzählte uns auf ähnliche Art und Weise: „Ich esse Reis … Aber am Morgen ist es Brot. Abends Brot. Sie wissen schon … aber hier muss ich es essen, weil es nichts anderes zu essen gibt". Für die Angestellten war das Essen eher eine moralische Frage. Es kränkte sie, so eine Mitarbeiterin, dass „unser frisch gekochtes Essen, das es auch als Hausmannskost, vegetarisch, muslimisch und koscher gibt" abgelehnt wurde: „Wir bieten zum Beispiel Marillenknödel an, das ist ein typisch österreichisches Gericht. Aber das mögen sie nicht. Und dann stehst du da, du kannst nicht anders, das erklärst du ihm. Und er zerdrückt den Knödel und wirft ihn uns vor die Füße".[21]

In der beschriebenen Situation in der Vignette in Abbildung 23 fühlten sich die Inhaftierten nicht mit Respekt behandelt, als Polizeibeamt*innen ihnen Essen gaben, dessen Mindesthaltbarkeitsdatum bereits abgelaufen war. Wie bereits erwähnt, haben Inhaftierte und Polizeibeamt*innen im Polizeianhaltezentrum unterschiedliche Perspektiven auf das Essen. Das Ergebnis dieser unterschiedlichen Sichtweisen war eine Zunahme der Spannungen zwischen den beiden Gruppen – was sich in der Verweigerung des Essens durch die Inhaftierten zeigte. Beide Parteien sagten uns, dass sie das Gefühl hätten, von der jeweils anderen nicht respektiert zu werden.

In solchen Situationen war es für die Beamt*innen der Fokusgruppe wichtig, herauszufinden, was tatsächlich passiert ist, was „dahinter" stecken könnte, was das eigentliche Problem sein könnte und wer dafür verantwortlich ist – und zu versuchen, auf der Grundlage verschiedener Informationen mögliche Lösungen zu finden. Die Herausforderung für sie bestand darin, „die richtige Entscheidung" zu treffen. Wie ein Mitarbeiter es ausdrückte:

> „Also, wie gesagt, es ist immer wichtig, dass man dann versucht, herauszufinden, was der eigentliche Grund ist. Ehrlich gesagt, wegen eines abgelaufenen Joghurts – das ist schwer vorstellbar. Man versucht dann, Kontakt aufzunehmen und versucht dann, den wahren Hintergrund irgendwie herauszufinden, […] man nimmt eine Person aus

20 Die hier verwendeten Zitate sind von Dolmetscher*innen übersetzt.

21 Gerade weil ich immer wieder über Machtstrukturen spreche, möchte ich an dieser Stelle festhalten, dass eine bestimmte Mahlzeit essen zu müssen, eine andere Qualität hat als die Ablehnung des Essens, das man serviert hat. Mit ihrer Abhängigkeit vom Personal in Bezug auf ihre Gesundheit und ihren Körper befanden sich die Häftlinge hier eindeutig in einer anderen Position der Verwundbarkeit. Sollte dennoch eine akzeptable Lösung gefunden werden, würde sich der Alltag für beide Seiten deutlich verbessern, wenn auch auf unterschiedliche Art und Weise.

der Zelle heraus und fragt, was los ist und woher das Ganze kommt. Meistens löst sich dann etwas auf. Dann kann man die Situation lösen, vielleicht durch organisatorische Maßnahmen, wie dass der Häftling die Zelle wechselt."

Alle Teilnehmenden der Fokusgruppe waren sich einig, dass die Küche dafür sorgen sollte, dass keine abgelaufenen Lebensmittel zu den Inhaftierten gelangen. Selbst in Fällen, in denen das Essen tatsächlich nicht verdorben ist, hat das überschrittene Verfallsdatum eine symbolische Wirkung und kann von den Inhaftierten als abwertend empfunden werden. Sowohl die Polizeibeamten (hier ausschließlich Männer) als auch die Inhaftierten sprachen den Wert der Kommunikation in Situationen wie dieser an. Beide Seiten wiesen darauf hin, dass ein solches Problem in erster Linie dadurch gelöst werden könnte, dass die Beamten in der Situation mit den Inhaftierten sprechen. Einerseits könnte das Gespräch die durch das abgelaufene Joghurt verursachte Irritation beruhigen. Andererseits, wenn es einen tieferen Grund für die Wut der Häftlinge gibt, kann dieser durch ein Gespräch entdeckt werden.

Was uns als Forscher*innen in dieser speziellen Fokusgruppe am stärksten auffiel, war, dass sowohl die Polizeibeamten als auch die Inhaftierten das übergeordnete Ziel teilten, Hungerstreiks zu verhindern. Auch wenn Hungerstreiks, wie sie von Butler (2014) und McGregor (2011) als eine Form des Widerstands beschrieben werden, in österreichischen Schubhaftzentren bekannt sind, brachte die Fokusgruppe etwas anderes an die Oberfläche: Mehr noch als die Tatsache, dass sie „Gegner*innen" sind (was durch einen Hungerstreik körperlich verstärkt würde), betrachten Polizisten und Inhaftierte das Essen gleichzeitig als Macht- und Identitätsinstrument. Indem sie sich dies gegenseitig eingestanden, schien das Essen seine Macht als Widerstandswerkzeug zu verlieren und zu einem Faktor zu werden, der potenziell zur Versöhnung genutzt werden könnte. In den Fokusgruppen sahen wir etwas, das Kornberger et al. (2018, S. 6) als „sharing of a concern" beschrieben haben.

Beispiel: Analysememo „Vignette Essensausgabe"

a. Alltagsrelevanz der Vignette

Die Situation wird als vielleicht nicht alltäglich, aber als sehr bekannt und häufig beschrieben. Das Joghurt hinunterzuwerfen, ist im Polizeianhaltezentrum (PAZ) eine heftige Reaktion, die auch nach einer Reaktion seitens der Stockwerksbeamt*innen verlangt. Das Hinunterschmeißen kann vielerlei Ursachen haben. Es kann eine tatsächliche Reaktion auf das aktuelle Problem sein (Kränkung darüber, „Abfall" zu essen zu bekommen → Entwertung); es kann aber auch seine Ursache in einem anderen Problem haben, das außerhalb der Situation selbst liegt.

Grundsätzlich muss geklärt werden, wo das Joghurt her ist. Es könnte von der Küche kommen, aber auch von der Kantine.

b. Unterschiedliche Perspektiven der Akteur*innen auf die Situation

*Stockwerksbeamt*innen*
Für die Stockwerksbeamt*innen stellen Situationen wie diese, die Aufgabe (i) herauszufinden, was tatsächlich vorgefallen ist, was dahinterstecken könnte, wo das Problem liegen könnte, wer dafür verantwortlich ist und (ii) zu versuchen, auf Basis vielfältiger Informationen mögliche Lösungen zu finden. Die Herausforderung besteht für sie darin, die richtige Entscheidung zu treffen. Die Stockwerksbeamt*innen können es grundsätzlich verstehen, wenn Angehaltene darüber verärgert sind, abgelaufenes Essen zu bekommen.

Hausarbeiter
Der Hausarbeiter wäre in dieser Situation derjenige, der als erster von der Eskalation betroffen wäre. Er teilt das Essen aus. Er erzählt, dass er oft von den anderen Angehaltenen wegen des Essens angesprochen oder auch beschimpft wird. Das Essen sei ein sehr häufiges Konfliktthema. Er nimmt wahr, dass diese Konflikte auch oft nur um des Streitens willen vom Zaun gebrochen werden.
„Sie sagen ‚zu wenig Essen' obwohl das nicht so ist, das ist nur ein Grund ... Ich denke so, also in der Zelle, er sagt: ‚zu wenig Essen', und er hat schon ... Ich habe ihm auch schon gegeben, und er beschwert sich immer noch. (schmunzelt) Das ist ja nur ein Grund, ein Grund, mit jemandem zu streiten oder irgendeinen Blödsinn zu machen, sonst nichts."

Verwaltungsstrafhäftling
Der Verwaltungsstrafhäftling, der erst kurz im PAZ ist, hat in seiner ersten Nacht in der Sechspersonenzelle festgestellt, dass dieses erzwungene Zusammensein mit den anderen Personen sehr belastend ist. Er kann sich vorstellen, dass, wenn man länger in dieser Situation sein muss, die kontinuierliche Belastung sich aufstaut und dazu führen kann, dass man in einer Situation wie der obigen sehr heftig reagiert.
„Also ich denke, da steckt dann was anderes dahinter, aber sicher nicht wegen dem Joghurt nur. Und du hast halt irgendwie überhaupt keine Privatsphäre. Und ich kann mir schon vorstellen, wenn jemand länger herinnen ist und vielleicht das Zellengefüge nicht passt oder irgendwas, dass es dann zu so einer Situation kommen kann, aber nicht wegen einem Joghurt, sondern einfach vielleicht die seelische Belastung oder sonst irgendwas."

c. Lösungsansätze für die geschilderte Situation

Zuständigkeit der Küche
Grundsätzlich sollte die Küche dafür sorgen, dass keine abgelaufenen Speisen zu den Angehaltenen gelangen. Auch wenn die Speisen faktisch nicht verdorben sind, hat das überschrittene Ablaufdatum eine symbolische Wirkung und kann von den Angehaltenen als entwertend wahrgenommen werden (deckt sich mit den Analyseergebnissen aus den anderen Interviews). Die Küche sollte darauf angesprochen werden.

Zuständigkeit der Kantine

Wenn das Joghurt in der Kantine gekauft wurde, muss man mit dem Kantinenpächter sprechen, warum er ein abgelaufenes Joghurt verkauft.

*Hausarbeiter*in*

Hausarbeiter*innen gehen von Zelle zu Zelle. Sie haben regelmäßigen Kontakt mit den Angehaltenen und lernen sie dabei kennen. Sie sind auch die ersten Ansprechpersonen für Probleme der Angehaltenen. Durch diese regelmäßige Kommunikation erhalten sie einen Überblick darüber, wie es den Angehaltenen jeweils geht, wie die Stimmung ist, ob Personen in problematischen Situationen sind, ob Angehaltene mit etwas unzufrieden sind, das sie den Stockwerksbeamt*innen aber nicht sagen, ob sich dadurch etwas zuspitzt. Dieses Wissen der Hausarbeiter*innen kann sehr hilfreich sein, wenn es darum geht, Konflikten oder Eskalationen, wie in der Vignette geschildert, vorzubeugen. Der Hausarbeiter kann:

- den Beamt*innen von dem Vorfall berichten,
- zwischen den Beamt*innen und den Angehaltenen vermitteln,
- im Vorfeld den Beamt*innen sagen, dass sich in einer Zelle schlechte Stimmung entwickelt hat,
- den Beamt*innen Tipps geben, wie sie mit den betreffenden Angehaltenen sprechen sollten,
- den Beamt*innen Informationen dazu geben, welche Gründe hinter der heftigen Reaktion auf die Joghurts liegen könnten.

„Also viele Gefangene, die wollen sich nicht einfach beim Beamten direkt beschweren, sondern dann bei mir. Und eigentlich, jetzt, ich weiß genau: Was, wo gibt es ein Problem in jeder Zelle. Zum Beispiel, vorige Woche gibt es hier vier Türken. Kommt ein Österreicher rein, die beschweren sich gleich, die machen Theater. Was soll ich da machen? Ich gehe zu den Beamten und sage: ‚Beamter, bitte, der Mann in der anderen Zelle versucht zu eskalieren.' Und das ist vielleicht zehn Minuten später gelöst worden. Ja, also solche Fälle sehe ich immer. Ich bin immer da. Und das wird immer so gelöst, ja."

Laut Polizist*innen ist für sie die kontinuierliche Insider-Perspektive der Hausarbeiter*innen sehr wertvoll. Sie versuchen aber darüber hinaus, sich selbst ein Bild zu machen, indem sie von verschiedenen Seiten Informationen zusammentragen.

d. Deeskalation

Die erste und wichtigste Reaktion von Stockwerksbeamt*innen ist der Versuch einer Deeskalation. Es sollte dafür gesorgt werden, dass das Joghurt am Boden beseitigt wird und dass die Angehaltenen, wenn möglich, neue Joghurts bekommen. Dann sollte man die betreffende Person aus der Zelle herausholen und mit ihr allein reden. Dabei gilt es herauszufinden, ob die heftige Reaktion wirklich an dem Joghurt gelegen ist oder ob andere, verdeckte Probleme bestehen. Laut Angehaltenen und Polizisten empfiehlt es sich, über Probleme mit Personen außerhalb der Zelle zu sprechen, da häufig auch die Zellenmitbewohner*innen das Problem verursachen können.

Stockwerksbeamter: „Man versucht dann schon, Kontakt aufzunehmen und versucht dann, den wahren Hintergrund irgendwo vielleicht herauszufiltern, vor allem wenn man dann versucht, man nimmt einzelne Personen aus der Zelle heraus und fragt, warum, weshalb das Ganze zustande gekommen ist. Da bricht dann meistens eh was auf. Bis man eben dann, vielleicht nur durch organisatorische Maßnahmen, sei es, weil es einer in der Zelle nicht aushält, weil er irgendwas anderes haben will, dass man das versucht, eben so zu klären, damit die Haftbedingungen für alle passen …"

e. Disziplinierung

Wenn sich die betreffende Person nicht beruhigen lässt, dann gibt es aus Sicht der Stockwerksbeamt*innen die Möglichkeit der Disziplinierung. Dabei wird die Person für drei Tage in eine Einzelzelle verlegt. Dies wird seitens der Beamt*innen aber als die „wirklich allerletzte" Lösungsmöglichkeit beschrieben. Diese setzen sie vor allem auch ein, um zu verhindern, dass die anderen Zelleninsassen ebenfalls aufgebracht werden.

f. Kommunikation

Sowohl von den Polizist*innen als auch von den Angehaltenen wird die große Bedeutung der Kommunikation in derartigen Situationen angesprochen. Beiderseits wird darauf hingewiesen, dass ein Problem wie dieses dadurch gelöst werden kann, dass die Stockwerksbeamt*innen mit den Angehaltenen sprechen. Einerseits kann so die Kränkung entschärft werden, die durch das abgelaufene Joghurt erfolgt (Wirkung auf der Ebene der aktuellen Situation), andererseits kann in der Kommunikation zu dem eigentlichen Problem vorgedrungen werden, das den Ausbruch der Person ausgelöst hat.
Die Polizist*innen, aber auch der Hausarbeiter, betonen die erschwerten Bedingungen in der Schubhaft. Sie haben Erfahrungen mit Schubhäftlingen. Einerseits, weil sie selbst bereits in der Schubhaft tätig waren, und andererseits, weil auch in der Verwaltungshaft vereinzelt Schubhäftlinge untergebracht sind. Lösungsstrategien, wie die beschriebenen und wie sie in der Verwaltungsstrafhaft tagtäglich zur Verständigung angewendet werden, stehen ihnen bei Sprachbarrieren nicht zur Verfügung.

Der Gesprächsfluss war in dieser vignettenbasierten Fokusgruppe sehr konsensorientiert. Dabei startete die Diskussion mit einem Affirmieren der Situation. Bereits die erste Person lenkte die Erzählung auf die Lösungsmöglichkeiten aus der Perspektive ihrer Position (Beamte) in der Schubhaft. Dieses Agenda-Setting wurde in weiterer Folge auch von den anderen Teilnehmer*innen aufgegriffen. Dabei fiel auf, dass in den Erzählbeiträgen die Lösungs*kompetenz* ein wichtiger Erzählstrang war. Man müsse eine solche Situation lösen können bzw. sei sie zwar ein Problem, aber man löse eine solche Problematik sehr rasch. Diese Konsensorientierung ist mit Sicherheit zum Teil auf den „Gesprächsrahmen" (Froschauer/Lueger 2020) zurückzuführen. Allerdings zeigte sich auch eine latente Struktur, die wirksam wurde: dass nämlich das Aushandeln und das Finden von Lösungen ein dauernder Prozess ist, der sich auch in der Fokusgruppe widerspiegelte. Um es alltagssprachlich auszudrücken: Eskalationen in Haft bringen niemandem etwas, weil man ihnen nicht ausweichen kann. Diese Sinnstruktur war wirksam und konnte im transformatorischen Prozess genutzt werden. Eine andere Sinnebene war das Bedürfnis nach Respekt. Konflikte werden vor dieser Referenzfolie bewertet und ein nicht gelöstes Problem rasch als Beweis für fehlenden Respekt gewertet. Das Agenda-Setting des kompetenten Problemlösens muss also auch aus dieser Perspektive betrachtet werden. Die Fokusgruppe war ein Rahmen, in dem man Respekt sowohl einfordern als auch zeigen konnte. Gleichzeitig zeigte sich, dass banale Konflikte deshalb eskalieren, weil die konkrete Situation sofort mit fehlendem Respekt verbunden wird.

Beispiel: Transkription

I1: Wie sehen Sie das mit dem Essen?

H2: Ja, ich denke einmal, wenn man ein Joghurt schmeißt, wenn das Ablaufdatum überschritten ist, das hat einen anderen Grund. Also ich würde sagen: „Entschuldigung, Ablaufdatum überschritten" und ich würde wahrscheinlich ein Joghurt bekommen, das in Ordnung ist. Aber es ist kein Grund, dass man ein Joghurt auf den Boden schmeißt. Also ich denke, da steckt dann was anderes dahinter. Oder man will vorsätzlich Krawall machen oder irgendwas, aber sicher nicht wegen dem Joghurt nur.

H1: So, wir waren heute um 9.00 Uhr spazieren. Er will spazieren gehen. Ich mache die Zelle zu, fünf Minuten später klopft er wie verrückt auf der Zelle und sagt: „Ah, ich kann nicht alleine – wir sind spazieren gegangen – … ich kann nicht alleine auf der Zelle …" Also das ist ja nur, einen Grund suchen.

I1: Und können Sie sich vorstellen, warum man auch immer solch einen Grund sucht oder ein Joghurt wirft?

H1: Also, das kann ich nicht sagen, aber Menschen sind verschieden, ja. Manche Menschen suchen nur irgendwas, ja.

I1: Sie vielleicht?

H2: Ich kann das nur von meiner Warte aus. Ich war eine Nacht in einer Sechs-Mann-Zelle. Und das wäre für mich nix gewesen. Also ich bin freiwillig gegangen, habe am nächsten Tag gebeten, ob ich in Einzelhaft gehen kann, weil der unter mir hat geschnarcht. Also ich habe die ganze Nacht kein Auge zugetan. Und du hast halt irgendwie überhaupt keine Privatsphäre. Und ich kann mir schon vorstellen, wenn jemand länger herinnen ist und vielleicht das Zellengefüge nicht passt oder irgendwas, dass es dann zu so einer Situation kommen kann, aber nicht wegen einem Joghurt, sondern einfach vielleicht die seelische Belastung oder sonst irgendwas. Also ich fühle mich in einer Einzelzelle einfach wohler. Aber das ist meine Persönlichkeit. Andere, denke ich, würden es in einer Einzelzelle vielleicht nicht aushalten.

B1: Na, wie gesagt, wichtig ist halt dann immer, dass man dann versucht, herauszufiltern, wo da wirklich der Grund liegt. Ehrlich gesagt, wegen einem abgelaufenen Joghurt schwer vorstellbar. Aber wie gesagt, es gibt halt … Man versucht dann schon, Kontakt aufzunehmen und versucht dann, den wahren Hintergrund irgendwo vielleicht herauszufiltern, vor allem wenn man dann versucht, man nimmt einzelne Personen aus der Zelle heraus und fragt, warum, weshalb das Ganze zustande gekommen ist. Da bricht dann meistens eh was auf. Bis man eben dann, vielleicht nur durch organisatorische Maßnahmen, sei es, weil es einer in der Zelle nicht aushält, weil er irgendwas anderes haben will, dass man das versucht, eben so zu klären, damit die Haftbedingungen für alle … Weil es ist nicht lustig, wenn man sechs Wochen lang da eingesperrt ist, das ist für niemanden wahrscheinlich lustig. Und da kommt es immer wieder zu irgendwelchen Sachen. Und das, eben wie gesagt, da versucht man dann, das herauszufiltern und da ein bisschen reinzuhören. Meistens kann man das durch nur organisatorische Maßnahmen, sei es durch Verlegung, durch irgendwas wieder halbwegs in den Griff bekommen, damit das wieder alles in den Schienen läuft.

I1: Sie haben jetzt gesagt, Sie versuchen, das herauszufiltern. Wie machen Sie das? Wie kann man sich das vorstellen?

B1: Na eben, wie gesagt, man versucht einmal in der Zelle zu reden, mit allen. Wenn da nix rauskommt, versucht man, dass man mit einzelnen Personen dann eben, dass man sagt: „Kommen Sie einmal raus". Dann bespricht man: „Wo liegt das Problem?" Weil meistens, die Personen natürlich, wenn die jetzt in einer 6-Mann-Zelle oder 6-Frauen-Zelle sind, dass es der eine oder andere nicht sagt oder sonst irgendetwas, wo das wirkliche Problem liegt. So, wenn man dann jemanden rausholt und sagt: „Wo ist denn da was?" Vor allem mit dem, der vielleicht noch andere sieht, da ist noch einer dabei, der halbwegs vernünftig ist, dass man eben dann versucht, aus dem herauszukriegen: „Was läuft denn da jetzt wirklich ab?", nicht.

B2: Da ist auch die Rolle zum Beispiel vom Hausarbeiter sehr wichtig. Nicht, weil der, wenn du den fragst, und der sagt: „Ja, die Zelle 313, der macht schon die ganze Zeit Probleme. Weil, wenn du dem das Frühstück gibst, meckert er. Beim Mittagessen sagt er immer, er hat zu wenig oder so. Also der weiß dann auch das ganz genau und sagt: „Da hat es schon mehrere Vorfälle gegeben. Und das ist jetzt eben dahingehend eskaliert, dass ihm das Joghurt geflogen ist", nicht. Oder du gehst den Weg: „Warum sind Sie denn in die Einzelzelle gegangen? Was hat da in der Zelle nicht gepasst? Sie waren zufälligerweise in der Zelle drinnen, ist Ihnen was aufgefallen?" Das ist das, was der XX (anonymisiert) gemeint hat, dass man dann halt herausfiltert. Also da spielt man dann halt wirklich Sherlock Holmes, nicht, in der Situation und versucht, die Informationen zusammenzutragen und sich dann selbst ein Bild zu machen, nicht.

H1: Also viele Gefangene, die wollen sich nicht einfach beim Beamten direkt beschweren, sondern dann bei mir. Und eigentlich, jetzt, ich weiß genau: Was, wo gibt es ein Problem in jeder Zelle. Zum Beispiel, vorige Woche gibt es hier vier Türken, kommt ein Österreicher rein, die beschweren sich gleich, die machen Theater. Was soll ich da machen? Ich gehe zu den Beamten und sage: „Beamter, bitte, der Mann in der anderen Zelle versucht zu eskalieren". Und das ist vielleicht zehn Minuten später gelöst worden. Ja, also solche Fälle sehe ich immer. Ich bin immer da. Und das wird immer so gelöst, ja.

6 Conclusio: Chancen und Grenzen des Forschens mit Vignetten

In der Conclusio möchte ich nun zwei Reflexionsebenen behandeln. Erstens wende ich mich den Chancen und Grenzen des Forschens mit Vignetten zu. Die größten Chancen liegen sicher in der Brauchbarkeit der Methode, was situative Fragestellungen angeht, sowie in der Vielfältigkeit ihrer Einsatzmöglichkeiten: von der empirischen Forschung zu transformatorischen Prozessen bis hin zum Einsatz im Lehrbetrieb. Eine Schwäche der Methode ist mit Sicherheit, dass sie recht aufwendig ist und die Zusammensetzung von hierarchischen Gruppen – zumindest in unseren Projekten – viele Ressourcen gebunden hat. Im ersten Teil der Conclusio (Kapitel 6.1) möchte ich diese Vor- und Nachteile abwägen.

Zweitens (Kapitel 6.2) reflektiere ich den Einsatz von Vignetten nochmals im Zusammenhang mit der soziologischen Theorie der Situation. Dabei möchte ich zeigen, dass der Einsatz von Vignetten und deren Analyse als Heuristik für unterschiedliche Theorietraditionen dienen kann und Vignetten somit im Umkehrschluss auch ein empirisches Mittel darstellen können, um den Situationsbegriff weiter zu schärfen.

6.1 Chancen und Grenzen der Methode

Chancen des Einsatzes von Vignetten

Die Vignette bietet Chancen für vier Einsatzgebiete, die auch kombinierbar sind: (1) situative Fragestellungen mit und ohne Konfliktpotenzial, (2) diskurstheoretische Fragestellungen mit Interesse an Subjektivierungsweisen sowie (3) machttheoretische Fragestellungen. Für die Vignettenbefragung ist die Unterscheidung zwischen einem strategischen, zumeist in der Tradition Foucaults (2005) stehenden, und einem institutionellen Machtverständnis in der Tradition Webers (1980 [1921/22]) hilfreich. Foucault geht auf den Beziehungsaspekt der Macht ein, wobei ihn das „Wie" der Machtausführung, also die Machtstrategien, interessiert.

> „Wenn wir das Thema Macht über eine Analyse des ‚Wie' angehen, verschieben wir die Fragestellung gegenüber der Annahme einer fundamentalen Macht in mehrfacher Weise. Wir wählen als Gegenstand der Analyse nicht Macht, sondern Machtbeziehungen." (2005, S. 254)

Die selbstverständliche Gleichsetzung von Macht mit mächtigen Institutionen bzw. deren Analyse ist aus dieser Perspektive problematisch. Dieses Verständnis von Macht ist der Ansatzpunkt für das vierte Einsatzgebiet. (4) Das transformatorische Potenzial liegt quer zu den Punkten 1 bis 3. Dieses Potenzial liegt in partizipativen Forschungsprojekten, die einen Fokus auf performativen Machtausgleich haben. Situationen, deren Machtgefälle augenscheinlich ist, werden so nicht nur analysiert, sondern es können auch Brüche in der iterativen Reproduktion dieser Machtverhältnisse ausgelöst werden. Diese Prozesse können auch in prozessorientiertes Lernen umgesetzt werden. Vignetten können in Lehrsettings verwendet werden, in denen Situationen diskutiert oder nachgespielt werden. Oder es werden bereits geführte Diskussionen in die Lehre einbezogen, indem man Reaktionen auf die Vignetten (sowohl deren Entstehung als auch deren Konsequenzen) reflektiert. Das führt zu einem weiteren Bereich, dem Stakeholder-Management. Sehr oft wird darüber gesprochen, dass Wissenschaft im Elfenbeinturm passiere und die Kommunikation mit der Gesellschaft vermehrt in den Blick genommen werden müsse. Diese berühmte „Third Mission" der Universitäten (neben Forschung und Lehre) (etwa Henke/Pasternack/Schmid 2017) ist gerade in transformatorischen Projekten gut einlösbar.[22] In unseren Projekten gab es einen regen Austausch mit den teilnehmenden Organisationen, der über das bloße Zurückspielen von Ergebnissen hinausging. Die Vignetten wurden als willkommenes didaktisches Tool empfunden, das dem Wunsch nach prozessorientiertem Lernen entgegenkam. Ein Beispiel dafür ist das Schulungsmaterial für die polizeiliche Grundausbildung, das aus dem Projekt PARSIFAL hervorgegangen ist. Die Materialien (ein „Intro", ein „Serviceteil" mit der Beschreibung von Lehrmethoden für Vignetten sowie die Vignetten selbst) wurden in einer Mappe gebündelt und waren somit als Schulungstool für den Unterricht verfügbar (siehe beispielhaft die Abbildungen 24–26). Die Vignetten wurden als Kärtchen ausgedruckt, die im Unterricht verwendet werden können. Dabei wurden sowohl die Vignetten selbst als auch ausgewählte Antworten, die aus Diskussionen vorangegangener Fokusgruppen entnommen worden waren, für den Unterricht verfügbar gemacht und zur weiteren Beschäftigung mit dem Thema verwendet.

22 Die Debatte um den Gebrauch und die unterschiedlichen Konzepte des Begriffes „Third Mission" ist heterogen und vielschichtig. Mein Verständnis für diesen Kontext lässt sich am besten mit Henke/Pasternack/Schmid (2017) so beschreiben: „neue Hochschulaufgaben, die [...] sowohl an die traditionellen Hochschulfunktionen anschließen als auch diese in Richtung gesellschaftspolitischen Engagements überschreiten" (ebd., S. 35).

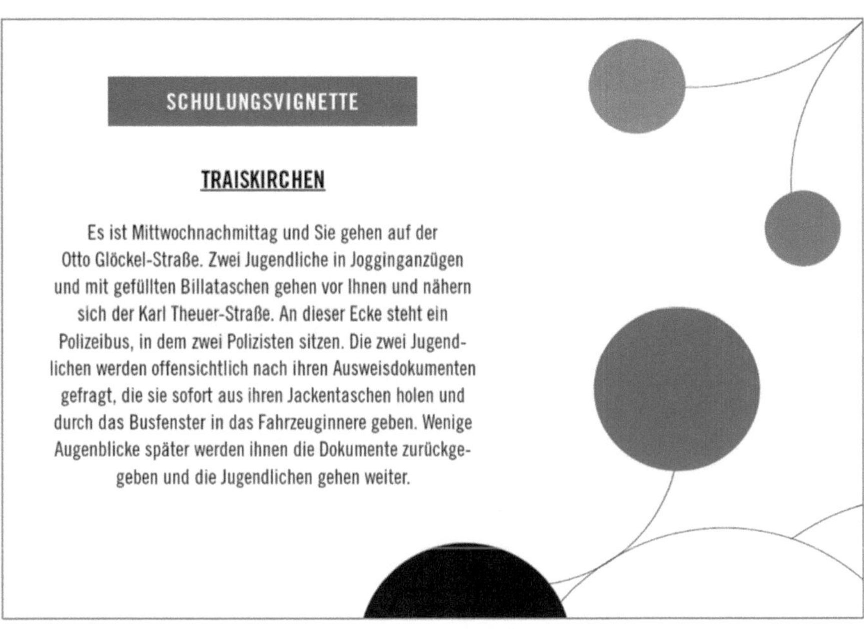

Abb. 24: Schulungsvignette für die polizeiliche Fortbildung

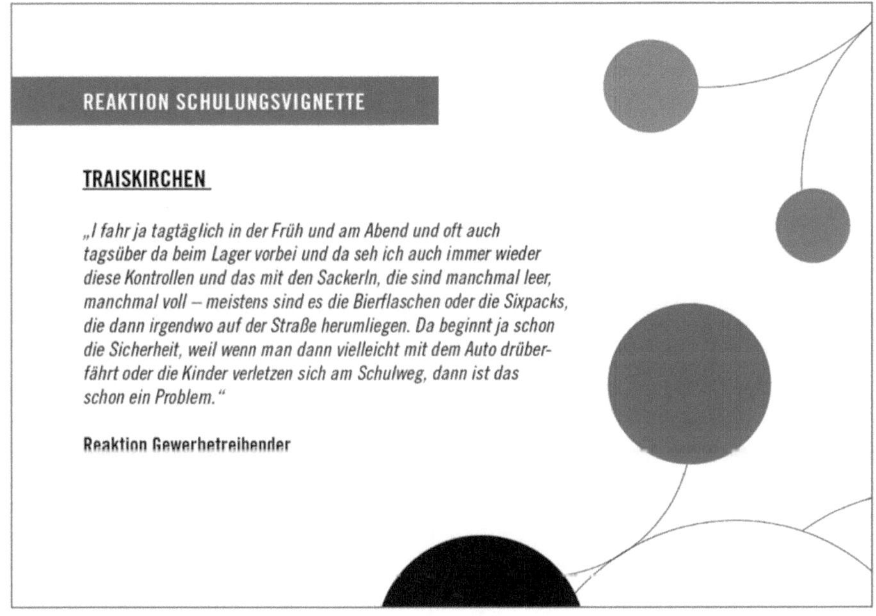

Abb. 25: Reaktionskarte für die polizeiliche Fortbildung

Aktuelle gesellschaftliche Entwicklungen haben einen großen Einfluss auf das subjektive Sicherheitsempfinden der Bevölkerung. Lesen wir von Einbrüchen, Konflikten im öffentlichen Raum und Ähnlichem ist die Konsequenz häufig die Forderung nach vermehrter Polizeipräsenz oder der Wunsch nach zusätzlicher Videoüberwachung. Diese meist medial vermittelte Präsenz von Unsicherheit trägt in der Bevölkerung zu einer Steigerung des Unsicherheitsempfindens bei.

Gleichzeitig entspricht es der Realität, dass wir in einer von Diversität geprägten Gesellschaft leben, in der das friedliche Miteinander immer wieder neu trainiert werden muss. Die Anforderungen der Bevölkerung an die Organisation Polizei sind dadurch fortwährend im Wandel. Durch diese und weitere Entwicklungen steht die Polizei gegenwärtig und wohl auch in Zukunft vor großen Herausforderungen.

Von einem Polizisten/einer Polizistin wird nicht nur erwartet, eine rechtswidrige Handlung zu untersuchen und aufzuklären, sondern er/sie muss auch im öffentlichen Raum präsent sein, dort Konflikte lösen, zwischen unterschiedlichen NutzerInnen vermitteln, als Ansprechperson für Beschwerden aller Art zur Verfügung stehen und vieles mehr. PolizistInnen werden auch oft gerufen, wenn sie eigentlich nicht zuständig sind. Trotzdem muss die Polizei reagieren. PolizistInnen sind in sehr vielen sozialen Situationen mit Problemen konfrontiert, für die es keine Handlungsempfehlungen nach einem Lehrbuch geben kann. Trotzdem wird von ihnen erwartet, diese unterschiedlichen Herausforderungen im Sinne ihrer beruflichen Prämissen bestmöglich zu bewältigen.

Das von der Österreichischen Forschungsförderungsgesellschaft und dem Bundesministerium für Verkehr, Innovation und Technologie beauftragte Forschungsprojekt *„PARSIFAL – Partizipative Sicherheitsforschung in Ausbildung und Lehre in Österreich"* (2011–2013) widmete sich u.a. der Frage, mit welchen neuen Herausforderungen die österreichische Polizei in Zukunft konfrontiert sein wird. Die ForscherInnen näherten sich dieser Fragestellung zum einen durch empirische Erhebungen zur subjektiven Sicherheit an sieben ausgewählten österreichischen Plätzen. Zum anderen erfolgte die Implementierung der Studienergebnisse exemplarisch im Bachelorstudiengang „Polizeiliche Führung" der Fachhochschule Wiener Neustadt in der Methodenlehre und der Betreuung der Bachelorarbeiten. Durch diesen Forschungszugang wurde nicht nur detailliertes Wissen über subjektive Verunsicherungsphänomene in unterschiedlichen Bevölkerungsgruppen generiert, sondern es wurden auch konkrete Szenarien für die ausgewählten Hot Spots erstellt, die für diese Plätze als „typisch" gelten.
Durch die enge Zusammenarbeit mit dem Bachelorstudiengang „Polizeiliche Führung" in den Erhebungsphasen, aber auch durch die Implementierung der Forschungsergebnisse in insgesamt zwei Studiengängen der „Polizeilichen Führung" können die ForscherInnen auf viele Erfahrungen und viel Wissen über die Besonderheiten und Herausforderungen der Vermittlung von Inhalten in der polizeilichen Lehre zurückgreifen. Durch die Fokussierung im Projekt PARSIFAL auf die polizeiliche Lehre entstand im Rahmen der zweijährigen Projektlaufzeit Schulungsmaterial, das bereits in der Lehre mit insgesamt 27 Studierenden getestet wurde.

WIE KAM DIESES SCHULUNGSMATERIAL ZUSTANDE?
Das Schulungsmaterial entstand im Rahmen des Projektes „PARSIFAL – Partizipative Sicherheitsforschung in Ausbildung und Lehre". Im Zuge dessen führten die ForscherInnen und die Studierenden des Bachelorstudiengangs „Polizeiliche Führung" Erhebungen an sieben österreichischen Plätzen durch. Dabei erkannten die ForscherInnen und die Studierenden noch in einer sehr frühen Forschungsphase, dass jeder dieser sieben Plätze „eigenen Gesetzen" unterlag. Dies mag auf den ersten Blick nicht überraschend klingen, betrachtet man jedoch diesen Umstand aus der Perspektive einer lehrenden Person, birgt dieser einige Herausforderungen in sich. Um nämlich für die Studierenden die Plätze erforschbar zu machen, mussten gemeinsam Kriterien gefunden werden, entlang welcher überhaupt geforscht werden konnte. Diese „typischen Kriterien" unterschieden sich an allen sieben Plätzen, was den Schluss zuließ, dass auch die Plätze eigenständig und getrennt voneinander beforscht werden mussten. So unterschiedlich die Plätze auch waren, sie ähnelten einander in bestimmten strukturellen Merkmalen, wie beispielsweise „Verkehrsknotenpunkt", „Fortgehmeile", „belebter urbaner Raum" u. Ä.

WER KANN DIESES SCHULUNGSMATERIAL VERWENDEN?
Dieses Schulungsmaterial eignet sich sowohl für den Einsatz in der polizeilichen Grund- als auch in der polizeilichen Weiterbildung. Es richtet sich in erster Linie an Lehrende, aber durchaus auch an alle anderen Personen, die im öffentlichen Raum agieren und reagieren müssen.

Immer wenn sich Lehrinhalte mit den NutzerInnen des öffentlichen Raums, deren unterschiedlichen Wahrnehmungen und Bedürfnissen und dem dadurch oftmals konflikthaften Aufeinandertreffen beschäftigen, kann dieses Schulungsmaterial zum Einsatz kommen.
Zudem ist der Einsatz dieser Unterlagen in den weiteren österreichischen Blaulichtorganisationen, der Rettung und der Freiwilligen Feuerwehr, möglich. Auch in gemeinnützigen Organisationen, wie etwa dem Österreichischen Roten Kreuz, dem Österreichischen Grünen Kreuz, dem ÖAMTC, SOS Mitmensch oder der Volkshilfe, ist die Unterstützung der Aus- und Weiterbildung durch dieses Schulungsmaterial möglich.

Abb. 26: Folder „Intro" zum Schulungsmaterial für die polizeiliche Fortbildung

Ein weiteres Potenzial der Vignetten sehe ich darin, dass sowohl ihr Einsatz in verschiedenen Settings als auch ihre Verwendung als textlich vorgebrachte Kurzgeschichte noch weiter ausdifferenziert werden kann. Vom ersten Punkt habe ich etwa im Zusammenhang mit dem organisationalen Rollenspiel berichtet. Ich denke, dass hier verschiedene Settings weiter ausdifferenziert werden können. Was den zweiten Punkt betrifft, sehe ich gerade in der Konstruktion visueller Vignetten (Miko 2013; Miko-Schefzig/Learmonth/McMurray 2020) ein weiteres Potenzial. Sowohl die Vignettenkonstruktion als auch das Setting ihres Einsatzes können auch anders als in sprachorientierter Form gedacht werden.

Grenzen des Einsatzes von Vignetten

Die offensichtlichste Grenze liegt in dem, was Stefan Hirschauer (2001) als „Schweigsamkeit des Sozialen" beschrieben hat. Wie gut man eine Situation auch beforscht, ganz wird man das Soziale nicht einfangen. Und das gilt natürlich auch für eine kurze Narration einer sozialen Situation. Gleichzeitig versucht das Vignettensetting, wie ich es beschrieben habe, die Situation im doppelten Sinne zu fassen: innerhalb der Vignette und in dem Gruppensetting, das der Situation in der Vignette in einigen Elementen nachgebaut ist.

Wir machten durchaus auch Erfahrungen, die uns die Grenzen der Methode zeigten bzw. in denen Gruppensettings schlichtweg scheiterten. Ich möchte hier ein Beispiel aus der Polizeiforschung nehmen, um zu zeigen, dass die Besprechung von Situationen oder Problemen auch unerwünscht sein bzw. abwehrende Reaktionen auslösen kann. In einer Studie zur Entscheidungsfindung und Problemlösung von polizeilichen Führungskräften führten wir Interviews mit Führungskräften unterschiedlicher Hierarchieebenen, um typische Konfliktsituationen zu erheben. Wir hatten bald eine Sammlung zusammengestellt, aus der wir zunächst die „factual elements" (Thomas/Thomas 1970 [1928]) herausdestillierten, um dann organisationsrelevante Konfliktsituationen zu konstruieren. Für die vignettenbasierte Fokusgruppe wurden Personen aus denselben oder ähnlichen Abteilungen gesucht. Vereinzelt waren auch Personen in den Fokusgruppen, die bereits ein Interview gegeben hatten. Die Heterogenität der Gruppen bestand in den unterschiedlichen Hierarchieebenen, aus denen die Teilnehmenden kamen. Im Vergleich zu unseren Fokusgruppen aus dem Projekt zum öffentlichen Raum und vor allem dem rund um die Schubhaftzentren, kam uns diese Zusammensetzung problemlos vor und wir gingen mit ähnlichen Vorbereitungsschritten in die Fokusgruppe wie in jede andere zuvor. In der Gruppe passierte aber etwas Seltsames. Obwohl die Situationen empirisch hergeleitet worden waren und wir wussten, dass zumindest Aspekte der Vignette anschlussfähig sein mussten, erfuhren wir eine sehr generelle Zurückweisung der Inhalte: Dies seien Konflikte, die einfach zu lösen seien und daher nicht diskutiert werden müssen: „Diese Konflikte gibt es so nicht. Gäbe es die, wäre man eine schlechte Führungskraft"; „Das ist keine Situation, die ich kenne". Wie denn die Forschung Situationen konstruieren könne, die überhaupt nicht relevant seien, wurden wir wiederholt gefragt. Plötzlich war der Forschungsprozess das Thema der Diskussion. Wir versuchten, die Situation „aufzufangen", diskutierten ausschließlich die

Themen, die für die Teilnehmer*innen relevant waren und moderierten die Fokusgruppe anschließend ab. Es ist wichtig zu betonen, dass das Ablehnen einer Vignette bzw. ein Zurückweisen dieser Relevanzstruktur aus qualitativer und interpretativer Sicht natürlich ebenfalls relevantes Datenmaterial produziert und wir über das (Selbst-)Verständnis von Führungskräften innerhalb der Polizei sehr viel lernen konnten. Auf der Ebene der Methodenentwicklung zeigt dieses Beispiel jedoch, dass sowohl die Forschungssituation als auch die Vignette andere Prozesse als erwartet auslösen kann. Auch eine solche Forschungssituation birgt interessantes Datenmaterial, allerdings muss sie gut gemanagt werden (siehe zu gescheiterten Interviews Eckert/Cichecki 2020).

Auch was das performative Potenzial der Vignette angeht, gilt es, die Grenzen der Methode anzuerkennen. Dieses Potenzial, als performativ in Judith Butlers (2014) Sinne hergeleitet, endet dort, wo strukturelle Ungleichheiten bestehen bleiben und organisationaler Wandel zwar passiert, bestehende Machtverhältnisse jedoch auch dort, wo man es sich gewünscht hätte, nicht auflösbar sind. Das ist wichtig anzuerkennen, weil sonst unrealistische Erwartungen an die Methode entstehen, statt deren punktuelle, durchaus starke Wirkung wahrzunehmen. Es zeigt also einmal mehr, dass die Vignetten ein vielversprechendes Tool sind, um situative Fragestellungen zu adressieren. Gleichzeitig ist die Vignette kein Wundermittel, sondern hat in ihrer Umsetzung klare Stärken und Schwächen – wie jede andere empirische Methode auch. Bleibt zu hoffen, dass sie dort, wo sie methodisches Potenzial bietet, vermehrt Eingang in die qualitative und interpretative Forschung findet.

6.2 Die Vignette als Heuristik für das wiederentdeckte Interesse an Situationen

In diesem Buch war die Situation immer wieder die zentrale Bezugsgröße. Im letzten Kapitel möchte ich nun drei Rückgriffe auf aktuelle Debatten zur soziologischen Theorie der Situation machen: auf die Chicagoer Schule, den kommunikativen Konstruktivismus (der u. a. auf Goffman Bezug nimmt) und die Praxistheorie. Auf die drei (die letzten zwei durchaus in ihren Positionen divergierend) einzugehen, zeigt nochmals die theoretische Verwurzelung der Vignette und deren Aktualität für einen breiten methodischen Diskurs. Die Situationstheorie von Adele Clarke (2012) lasse ich an dieser Stelle außen vor, da ich sie im Kapitel 5.1 bereits ausführlich diskutiert und in ihrem Einfluss auf mein Vignetten- und Situationsverständnis dargelegt habe.

Meine Bezüge zur Chicagoer Schule habe ich an unterschiedlichen Stellen im Buch aufgegriffen. Diese Strömung war von einem Methodenpluralismus geprägt und von der kontinuierlichen Suche nach Methoden, die dem Gegenstand entsprechen.

„Gerade die frühe Chicago School zeichnet sich durch einen heterodoxen Methodenpluralismus aus, der sich naturwissenschaftlich exakter Verfahren ebenso bedient wie literarischer Techniken. Es überlagern sich Feldforschung und teilnehmende Beobachtung (Franz Boas, George Herbert Mead) mit den investigativen Energien der journalistischen Reportage; es werden Kriminalitätsstatistiken mit Briefen und Egodokumenten wie Gerichtsprotokollen gegengelesen." (Echterhölter 2013, S. 23)

Ich habe im Kapitel 4.3 gezeigt, wie etwa Polizeischüler*innen die Vignetten ganz proaktiv für sich genutzt haben, um die in den Vignetten vorgestellten Situationen nachzuspielen und später darauf zu reflektieren. Dies produzierte unterschiedliche Datenmaterialien, die jenseits von reinen Gesprächsdaten lagen, etwa Beobachtungen. Gleichzeitig war es für das Forschungsteam eine relevante Information, in welcher Weise die Vignette rezipiert und angeeignet wurde. Der Einsatz von Vignetten ist in diesem Sinne auch in der Tradition dieses von Echterhölter angesprochenen heterodoxen Methodenpluralismus der frühen Situationsforscher*innen zu sehen, eben weil ihr Einsatz in der Datenproduktion neue und gewinnbringende Konsequenzen zeitigt.

In der deutschsprachigen Debatte zur Situation lassen sich augenblicklich vor allem zwei Strömungen erkennen: die Praxistheorie (u. a. Amann/Hirschauer 1997; Hirschauer 2004, 2008; Latour 1996, 2007) und der kommunikative Konstruktivismus (u. a. Keller/Knoblauch/Reichertz 2013; Knoblauch 2017; Reichertz 2016). Im Letzteren wird die Situation von Kommunikation bzw. kommunikativen Prozessen her konzipiert. Beide Ansätze (gerade auch in Kombination und in ihrer diametralen Ausrichtung) tragen zu einer dichteren Konzeption von Situation bei.

Die Vertreter*innen der Situationsdefinition innerhalb des kommunikativen Konstruktivismus (etwa Keller/Knoblauch/Reichertz 2013; Knoblauch 2017; Reichertz 2013b) betonen, dass es in der Situation eben nicht um die „Ordnung der Dinge geht" (Reichertz 2013b, S. 156). Reichertz bezieht sich dabei auf die Vielfalt der Elemente einer Situation, also etwa Dinge, die ohne kommunikative Deutung sinnentleert wären und somit nicht als eigenständige Akteur*innen anzusehen sind. Situation ist also – und dies ist im Gegensatz zu einem praxeologischen ein handlungstheoretischer Ansatz – nicht ohne Kommunikation der deutenden Subjekte zu fassen bzw. sind die zentralen Akteur*innen nur umgeben von den Dingen. „Kommunikativ hergestellter und zugeschriebener Sinn ist in dieser Sicht eines Sozialwissenschaftlers das Wesentliche am Geschehen und nicht die Ordnung der Dinge" (ebd., S. 167). Reichertz (2016) fasst pointiert zusammen, dass die Praxistheorie der „zentralen Prämisse der ‚Qualitativen' und ‚Interpretativen' von der grundlegenden Sinnhaftigkeit allen Handelns widerspricht" (ebd., S. 831). Bezug nimmt der kommunikative Konstruktivismus auf den amerikanischen Pragmatismus, der nicht von der objektiven, sondern von der vom Subjekt her gedeuteten Situation ausgeht. In Interaktionen treffen diese unterschiedlichen Deutungen dann kommunikativ aufeinander. Dies macht sich die Forschung mit Vignetten zunutze.

Unterschiedliche Deutungen einer Situation sind eine methodische Herausforderung in der Konzeption situativer Vignetten. Während man die empirischen Phänomene, die aus diesen Deutungen resultieren, beim Einsatz von Vignetten in Gruppenverfahren gut einfangen und methodisch nutzen kann, stellt sich die Frage, wie mit der Konstruktion von Vignetten, also dem Festlegen auf eine Situation, umgegangen werden soll. Situationen in all ihrer Multidimensionalität können in einer Vignette zwar vereinfacht, jedoch nicht einfach dargestellt werden. Oder anders formuliert: Sie kommen zwar als einfache Geschichten daher, aber bis es zu dieser Darstellung kommt, passieren analytisch mehrere Schritte (etwa Analyse im Vorfeld erhobener Daten, Verdichtung der Multiperspektivität u. Ä.) Auf die Goffman'sche (1975) zentrale Frage an Situationen „What is it that's going on here?" (ebd., S. 8) gibt es diverse Antworten, stellt man sie unterschiedlichen Personen, die sich in derselben Situation befinden. In meiner Forschung zur subjektiven Sicherheit im öffentlichen Raum (Miko-Schefzig 2019) ging ich deshalb der Frage nach, nach welchen Prinzipien die Vignetten konstruiert werden können, um gleichzeitig die Wahl einer Situation in der Vignette zu treffen und trotzdem Multiperspektivität zu gewährleisten.

Reichertz (2013b) weist auf diesen relevanten Aspekt hin, dass nämlich Situationen immer vage sind, da Deutungen wiederholt abgeändert werden und daher der Fortlauf einer Situation an jeder Stelle wieder veränderbar ist. „Situationen werden nämlich in der Regel nie mit einem Akt der Deutung am Beginn von den Beteiligten festgestellt, sondern die Deutungen müssen laufend überprüft und gegebenenfalls abgeändert werden" (ebd., S. 161). Die Frage nach der „gemeinsamen Situation" wird vom kommunikativen Konstruktivismus über die Kommunikation gelöst.

> „Letzteres, nämlich dass man nicht alles beliebig wahrnehmen und deuten kann, sondern dass man sich nicht nur in einer ‚gemeinsamen Situation' befindet und dass man diese auch in vergleichbarer Weise strukturiert, das ‚verdankt' man der Kommunikation, ohne die keine Situation situativ gedeutet und somit erst geschaffen werden kann." (Reichertz 2013b, S. 163 f.)

Dies ist in der Vignettenmethode in zweierlei Hinsicht relevant: zum einen für die in der Vignette konzipierte Situation (meistens eben eine), zum anderen für die Forschungssituation selbst, in der die Vignette eingesetzt wird. Reichertz weist auf die bereits von Goffman (1994) getroffene Unterscheidung zwischen dem Situierten und dem Situativen hin. Kein Mensch geht als sprichwörtliche Tabula Rasa in eine Situation hinein, in der die Deutung dieser nur aus sich heraus, also situativ, vorgenommen wird. Alles Situative ist auch situiert, also bereits gesellschaftlich „gebahnt" (Reichertz 2013b, S. 163). Das Besondere an der Situationsdefinition des kommunikativen Konstruktivismus ist nun, die Situation aus der Kommunikation heraus zu konzeptualisieren, die Kommunikation also als das zentrale Element der Situation zu definieren. „Alles, was in einer Situation bedeutsam ist, muss direkt oder indirekt von den Beteiligten kommunikativ bedeutsam gemacht werden" (ebd.). Dabei wird keineswegs Kommunikation nur als Übermittlung von Botschaften verstanden oder ausschließlich in der Face-to-Face-Kommunikation verortet, sondern sie dient vor allem „der Konstruktion sozialer Identität, sozialer Ordnung und Kultur" (ebd.). Ich möchte beileibe nicht sagen, dass das Forschen mit Vignetten all diese Aspekte in einer Forschungssituation (etwa in Fokusgruppen) berücksichtigen kann. Trotzdem: Die Verbindung der Konstruktion von Vignetten, ihrer Konstruktions*elemente*, der Forschungssituation selbst sowie der Entscheidungen der Forschungspartner*innen, die in der Kommunikation anzeigen, welches Element gerade bedeutsam ist, sorgt für eine methodisch nachvollziehbare Adressierung wesentlicher Bestandteile von Situationen.

Goffman und die Situation

Sehr grundlegend mit Situation hat sich Erving Goffman (u. a. 1975, 2009) auseinandergesetzt. Goffmans Beitrag ist weniger eine ausformulierte Theorie zur Situation als vielmehr eine detailreiche Mikroanalyse von Interaktionen im öffentlichen Raum. Selten wurde nach ihm derart genau die kleinteilige Interaktion der Face-to-Face-Kommunikation beschrieben (vgl. Goffman 2009). Er hat Interaktion zum Fokus seiner Arbeit gemacht, und Interaktion findet eben in Situationen statt. Dabei ist seine zentrale These, dass sich in Interaktionen in Situationen nicht nur ein strukturelles Regelwerk widerspiegelt, sondern dass es Gesetzmäßigkeiten in Situationen gibt, die nur in diesen wirken. Somit wird Interaktion (er bezieht sich mehr auf den Begriff „Interaktion" als „Situation") auch empirisch wertvoll, denn es lässt sich dort sowohl die Struktur als auch potenzieller sozialer Wandel ablesen, da jede Situation ein eigenes Regelwerk entwickelt und somit ergebnisoffen ist. Sowohl den möglichen Wandel als auch die Ergebnisoffenheit nutze ich in der Vignettenmethode dort, wo ich durch deren Einsatz auch die empirische Situation selbst zumindest potenziell verändern möchte. So etwa in meinen Forschungen zu den Schubhaftzentren: Dort verband ich das interpretative Situationsverständnis mit dem performativen Potenzial (Butler 2014) methodischer Intervention.

Was Goffman als Bezugsrahmen für die Vignettenmethode besonders gewinnbringend macht, ist die Tatsache, dass er die soziale Interaktion als empirische Einheit für die Erforschung der sozialen Ordnung heranzieht.

> „Der Bezug auf die Psychiatrie soll zeigen, wie stark diese Regelungen sind, führte doch die Nichteinhaltung eben zur Psychiatrisierung. […] Der Ort dieser Regelungen ist die soziale Situation, also der Moment, in dem sich zwei oder mehr Personen an

einem Ort versammeln und gegenseitig so wahrnehmen, dass ihre Handlungen selbst dann aufeinander bezogen sind, wenn sie so tun, als hätten sie nichts miteinander zu tun." (Knoblauch 2009, S. 12)

Hier werden zwei Aspekte sichtbar, die für die Vignettenmethode relevant sind: Das ist erstens die Hinwendung zu Situationen, anhand derer Normvorstellungen untersucht werden können (im obigen Fall die Psychiatrisierung). Goffman ging es in „Asyle – Über die soziale Situation psychiatrischer Patienten und anderer Insassen" (2016) nicht primär um eine Studie zur Psychiatrie, sondern um die Normvorstellung der sozialen Ordnung. Dieser Aspekt war auch in meiner Studie zum polizeilichen Handeln im öffentlichen Raum relevant: Indem sie polizeiliche Praxis in den Fokus nimmt und die Interaktionen nachzeichnet, in die die Polizei eingreift, kann aufgezeigt werden, was als angemessenes Verhalten ausgedeutet wird. Das gilt auch für Situationen, die von Situationsteilnehmer*innen als unsicher wahrgenommen werden. Auch an ihnen kann analysiert werden, was als normales, nicht verunsicherndes Verhalten gedeutet wird.

> „Im Großen und Ganzen hat die psychiatrische Erforschung situativer Unangemessenheit dazu geführt, dass eher derjenige untersucht wird, der Regeln verletzt, als dass die Regeln und sozialen Kreise selber unter die Lupe genommen werden. Mit ihren Untersuchungen haben uns die Psychiater indessen unabsichtlich und quasi nebenbei einen wichtigen Bereich des sozialen Lebens deutlicher bewusst gemacht – den der Interaktion an öffentlichen und halböffentlichen Orten." (Goffman 2009, S. 19)

Der zweite für die Vignettenmethode relevante Aspekt betrifft ein wichtiges Apriori einer Situation: Um von Situation zu sprechen, muss man nicht in direkter Kommunikation miteinander sein. Es reicht auch aus, so zu tun, als ob man nichts miteinander zu tun hätte. Dieses Verhalten konnte ich im öffentlichen Raum oft beobachten bzw. durch ethnografische Gespräche explizieren. Man nimmt sich gegenseitig selbstverständlich wahr, wenn man aneinander vorbeigeht, aber gerade in verunsichernden Situationen tun Passant*innen gerne so, als ob sie einander nicht sähen. Diese Art von Situation nennt Goffman „nichtzentrierte Interaktion" (ebd., S. 40) und man kann sie auf die „Handhabung bloßer gemeinsamer Anwesenheit" (ebd.) von Menschen im öffentlichen Raum reduzieren. Dies ist für die Vignette dort von Relevanz, wo sie eben für solche Situationen konstruiert ist und nicht-zentrierte Interaktion etwa im Gruppensetting der Analyse zugänglich gemacht wird.

Handlungstheorie und Praxistheorie

Im Gegensatz zur Handlungstheorie geht die Praxistheorie, aufbauend auf Goffmans Theorie, nicht von intentional agierenden Akteur*innen aus, sondern möchte Praxis immer aus der Situation bzw. den „Partizipanden des Tuns" (Hirschauer 2004) konzipieren. Gemeint ist damit vor allem, dass es eben nicht intentional handelnde Menschen sind, die Körpern und Objekten gegenüber als äußere Einheiten handeln und ihnen in sozialen Situationen erst durch Deutungen und Kommunikation Sinn verleihen, sondern dass Körper und Artefakte selbst Situationen auslösen und ganz wesentlich mitsteuern können.[23] Situationen finden in materiellen Räumen statt. Sie sind strukturiert etwa durch Straßen, Videokameras, Begrünungen, bauliche Besonderheiten. Auch Körper mit besonderen Aufgaben, etwa – um ein Beispiel aus meiner Polizeiforschung zu nehmen – polizeiliche Körper, sind Teil von Situationen (im öffentlichen Raum). Eine Konzeption von Situation aus praxeologischer Sicht nimmt diese Artefakte und Körper vermehrt in den analytischen Blick:

> „Der Begriff des Körpers ist für das die Praxistheorien prägende Argument, dass der Vollzug der Praxis eine besondere Qualität hat, die es gilt, mit den Mitteln der soziologischen Forschung zu erfassen, von zentraler Bedeutung. Wie wir alle aus dem Alltag wissen, sind wir in vielen Situationen mit unserem Körper in das praktische Geschehen eingebunden. So werden wir körperlich berührt, wenn wir in der Fankurve eines Fußballstadions unsere Mannschaft anfeuern, wir beteiligen uns an Praktiken wie Singen, Klatschen, Jubeln (bei einem Tor der eigenen Mannschaft), Trauern (bei einem Gegentor), Schimpfen etc., die uns außerhalb des Stadions kaum in den Sinn gekommen wären. Unsere Körper werden spürbar zum Teil der sich vollziehenden Praxis. Und diese körperliche Präsenz, die wir auch in anderen Situationen mehr oder weniger intensiv spüren, ist ein wichtiger Bestandteil der Praktiken, die sich situativ und gegenwärtig vollziehen. Ohne diese körperliche Präsenz ist der Vollzug der Praxis nicht möglich." (Hillebrandt 2014, S. 61)

Ich habe in der Konstruktion von Vignetten durchaus mit Körpern und Artefakten zu spielen versucht und war neugierig, in welcher Weise diese in den Interviews aufgegriffen oder im Rollenspiel nachgeahmt werden. Hier sehe ich noch Potenzial für Weiterentwicklung. Eines sollte aber nicht vergessen werden: Die interpretative Theorie in der Tradition des amerikanischen Pragmatismus war allein durch ihre Genese der Situation immer schon verbunden. Andreas Ziemann (2013) bringt dies auf den Punkt, wenn er anmerkt, dass die vielen Turns der Soziologie „das Nivellieren und Vergessen einst fest etablierter und erfolgreicher Theorien" (ebd., S. 9) mit sich gebracht haben, was auch die Theoretisierung von Situation eingeschlossen hat. Diesen Befund halte ich gerade auch für die interpretative Methodologie für zentral, da bereits die Chicagoer Schule die Situation als zentrales Erkenntnisinteresse fokussierte und aus diesem Fokus heraus die Methodenentwicklung ins Zentrum stellte (siehe etwa Lindner 1990 zur Rolle

23 Zu einer kritischen Position gegenüber der Praxistheorie siehe Reichertz 2016.

Robert E. Parks in der Entwicklung des „nosing around" als Motto für Beobachtungen).

Über die traditionelle Affinität der interpretativen Theorie zur Situation hinaus, hat sowohl der Visual Turn (vgl. u. a. Knoblauch et al. 2008; Schnettler/Pötzsch 2007) als auch der Practice Turn (vgl. u. a. Schatzki/Knorr-Cetina/Savigny 2001; Schäfer 2016) einen Beitrag zur Wiederentdeckung der Situation geleistet. Ich spreche hier – wie bereits angemerkt – absichtlich von *Wiederentdeckung*, da gerade die Chicagoer Schule bzw. der amerikanische Pragmatismus Fotografie, teilnehmende Beobachtung bzw., allgemein gesprochen, methodische Innovation – etwa multimodale Wege, soziales Handeln zu erfassen – sehr zentral in sein Forschungsprogramm eingeschrieben hat (siehe dazu etwa Echterhölter 2013). Auch hinsichtlich des Symbolischen Interaktionismus muss man feststellen, dass die Hinwendung zur sozialen Bedeutung der Dinge schon im ersten der drei Axiome Blumers expliziert ist: „Menschen handeln gegenüber Dingen auf der Grundlage der Bedeutungen, die diese Dinge für sie besitzen" (Blumer 1980). Trotzdem: Die Methodenvielfalt der visuellen und verdinglichten Soziologie (Fotografie, Film, Artefakte etc.) (Froschauer/Lueger 2020; Thanem/Knights 2019) sowie die methodische Neubewertung der Dinge in der Praxistheorie haben den Gedanken wiederbelebt, dass soziologische Erkenntnisgewinnung und -fokussierung verschiedene Sinne inkludieren muss – auch jenseits der sprachlichen Aufnahme. Klaus Amann und Stefan Hirschauer haben dies etwa für die Ethnografie pointiert dort formuliert, wo sie von „personalen Aufzeichnungsapparaten" (1997, S. 25) sprechen, die eben – im Gegensatz zu technischen – vergessen oder empathisch sein können und somit weitere Kompetenzen in die Datenproduktion einbringen.

In meiner Lehrforschung zur stationären Langzeitpflege von Menschen mit Demenz habe ich mit Studierenden etwa Pflegesituationen mit einem Fokus auf Artefakte beforscht. Daran kann man sehr gut den Mehrwert einer solchen Perspektive veranschaulichen.

Beispiel: Forschung zur stationären Langzeitpflege von Menschen mit Demenz

Die Implikationen für die Methodenlehre, von denen hier gesprochen wird, möchte ich an einem Beispiel aus meiner Lehrforschung (ein sozioökonomisches Forschungspraktikum aus dem Sommersemester 2018 an der Wirtschaftsuniversität Wien, gemeinsam mit Birgit Trukeschitz) mit Menschen mit Demenz illustrieren. Eine Forschungsgruppe befasste sich mit der Lebensqualität von Menschen mit Demenz in der stationären Langzeitpflege. Dabei waren sie mit einem Forschungsfeld konfrontiert, welches zum Teil für sprachliche Elizitierungstools nicht mehr zugänglich war. Sie versuchten daher, andere Indikatoren für Lebensqualität zu entwickeln. Ein Beispiel ist hier die Flüssigkeitsaufnahme, da Dehydrierung ein großes Thema bei Menschen mit Demenz ist. Dabei fiel der Forschungsgruppe auf, dass die Gemeinschaftstische von den Mitarbeiter*innen völlig unterschiedlich genutzt werden und (i) diese Nutzung die unterschiedliche Flüssigkeitszufuhr auf den zwei Stationen erklärte sowie (ii) das Trinkverhalten aus methodischer Sicht überhaupt nur über den Fokus auf die Interaktionen an diesen Tischen rekonstruierbar war. Während in einem Wohnbereich eine strikte Trennung zwischen Pflegepersonal und Bewohner*innen bei der Nahrungsaufnahme herrschte (das Pflegepersonal aß in einem gesonderten Raum), wurde der Gemeinschaftstisch auf der anderen Station auch für die Pausen der Pflegekräfte genutzt. Die Flüssigkeitsaufnahme durch die Menschen mit Demenz wurde also weniger durch Aufforderungen („Frau X, Sie sollten jetzt trinken!") als durch das gemeinsame Vorleben („Frau X, setzen Sie sich zu mir. Ich bin so durstig. Prost!") geregelt. In jedem Fall bindet die Fokussierung auf die Situation sowohl Akteur*innen als auch materiale Aspekte (etwa Artefakte; Lueger/Froschauer 2018) in die empirische Betrachtung sozialer Phänomene ein; sie ist in diesem Sinne also multimodal (Höllerer/Jancsary/Grafström 2018).

Ich möchte abschließend festhalten, dass ich die Vignettenmethode innerhalb des interpretativen Paradigmas verortet und konzeptualisiert habe. Die Eckpfeiler meines Ansatzes sind nicht ohne das deutende Subjekt, das im Mittelpunkt meines Situationsverständnisses steht, nachvollziehbar..Die Praxistheorie wird für mich aber dort relevant, wo man körperliche Aspekte und Artefakte in die Vignette einbaut, und zwar so, dass sie einen zentralen Stellenwert erhalten. Hier sehe ich auch eine Chance eines versöhnlichen Ausgleichs zwischen den beiden durchaus konkurrierenden Theorietraditionen. Die Artefakte, die ich in die hier beispielhaft vorgestellten Vignetten eingebaut habe, sind wesentlich für das Verständnis, aber auch den Fortlauf einer Situation in die eine oder andere Richtung. Es bleibt also abschließend festzuhalten, dass der Einsatz von Vignetten noch viele Möglichkeiten zum Experimentieren offenlässt. Die Schlüsse, die daraus gezogen werden, werden hoffentlich sowohl für die Methode selbst als auch für ein weitergehendes Situationsverständnis weitere Beiträge liefern und zu einer Etablierung von Vignetten als einem wertvollen Tool der qualitativen und interpretativen Forschung beitragen.

Literatur

Adams, Tony E./Ellis, Carolyn/Bochner, Arthur P./Ploder, Andrea/Stadlbauer, Johanna (2020): Autoethnografie in der Psychologie. Band 1: Ansätze und Anwendungsfelder, 2., aktualisierte und erweiterte Auflage. In: Mey, Günter/Mruck, Katja (Hrsg.): Handbuch Qualitative Forschung in der Psychologie. Band 1. Wiesbaden: Springer, S. 471–491.

Alden, Dana L./Friend, John M./Lee, Angela Y./de Vries, Marieke/Osawa, Ryosuke/Chen, Quimei (2015): Culture and medical decision making. Healthcare consumer perspectives in Japan and the United States. In: Health Psychology, Vol. 34, Issue 12, S. 1133–1144.

Aldrige, Jo (2015): Participatory research. Working with vulnerable groups in research and practice. Bristol: The Policy Press.

Amann, Klaus/Hirschauer, Stefan (1997): Die Befremdung der eigenen Kultur. Ein Programm. In: Hirschauer, Stefan/Amann, Klaus (Hrsg.): Die Befremdung der eigenen Kultur. Zur ethnographischen Herausforderung soziologischer Empirie. Frankfurt/M.: Suhrkamp, S. 7–52.

Amling, Steffen/Geimer, Alexander (2016): Techniken des Selbst in der Politik. Ansatzpunkte einer dokumentarischen Subjektivierungsanalyse. In: Forum Qualitative Sozialforschung/Forum: Qualitative Social Research, Vol. 17, No. 3, Art. 18. www.doi.org/10.17169/fqs-17.3.2630

Anderson, Bridget/Gibney, Matthew/Paoletti, Emanuela (2011): Citizenship, deportation and the boundaries of belonging. In: Citizenship Studies, Vol. 15, Issue 5, S. 547–563.

Atkinson, Paul/Housley, William (2003): Interactionism. London u. a.: Sage.

Austin, John L. (1962): How to do things with words. Oxford: Oxford University Press.

Barad, Karen (2003): Posthumanist performativity. Toward an understanding of how matter comes to matter. In: Signs: Journal of Women in Culture and Society, Vol. 28, No. 3, S. 801–831.

Becker, Howard S./Keller, Reiner (2016): Verschiedene Arten, über Gesellschaft zu erzählen. Howard S. Becker im Gespräch mit Reiner Keller. In: Forum Qualitative Sozialforschung/Forum: Qualitative Social Research, Vol. 17, No. 2. www.doi.org/10.17169/fqs-17.2.2607

Bergold, Jarg/Thomas, Stefan (2012): Partizipative Forschungsmethoden. Ein methodischer Ansatz in Bewegung. In: Forum Qualitative Sozialforschung/Forum: Qualitative Social Research, Vol. 13, No. 1, Art. 30. www.doi.org/10.17169/fqs-13.1.1801

Bieler, Patrick/Klausner, Martina (2019): Iterative Go-alongs. Eine ethnografische Methode zur Erforschung des Zusammenspiels von psychischen Beeinträchtigungen und städtischer Umwelt. In: Krumm, Silvia/Kilian, Reinhold/Löwenstein, Heiko (Hrsg.): Qualitative Forschung in der Sozialpsychiatrie. Köln: Psychiatrie Verlag, S. 173–183.

Blumer, Herbert (1962): Society as symbolic interaction. In: Rose, Arnold M. (Hrsg.): Human behavior and social processes. An interactionist approach. Boston: Houghton Mifflin.

Blumer, Herbert (1980): Der methodologische Standort des Symbolischen Interaktionismus. In: Arbeitsgruppe Bielefelder Soziologen (Hrsg.): Alltagswissen, Interaktion und gesellschaftliche Wirklichkeit, Bd. 1–2. Opladen: Westdeutscher Verlag, S. 80–146.

Boal, Augusto (1979): Theater der Unterdrückten. Übungen und Spiele für Schauspieler und Nicht-Schauspieler. Frankfurt/M.: Suhrkamp.

Böhm, Birgit (2006): Vertrauensvolle Verständigung. Basis interdisziplinärer Projektarbeit. München: oekom.

Bohnsack, Ralf (2013): Die dokumentarische Methode und ihre Forschungspraxis. Grundlagen qualitativer Sozialforschung. Wiesbaden: VS Verlag für Sozialwissenschaften.

Bohnsack, Ralf/Przyborski, Aglaja/Schäffer, Burkhard (2006): Einleitung: Gruppendiskussionen als Methode rekonstruktiver Sozialforschung. In: Bohnsack, Ralf (Hrsg.): Das Gruppendiskussionsverfahren in der Forschungspraxis. Opladen: Barbara Budrich, S. 7–24.

Bosančić, Saša (2012): Arbeiter ohne Eigenschaften. Über die Subjektivierungsweisen angelernter Arbeiter. Wiesbaden: Springer VS.

Bosančić, Saša (2019): Die Forschungsperspektive der Interpretativen Subjektivierungsanalyse. In: Geimer, Alexander/Amling, Steffen/Bosančić, Saša (Hrsg.): Subjekt und Subjektivierung. Wiesbaden: Springer VS, S. 43–64.

Boydell, Katherine M./Gladstone, Brenda M./Volpe, Tiziana/Allemang, Brooke/Stasiulis, Elaine (2012): The production and dissemination of knowledge. A scoping review of arts-based health research. In: Forum Qualitative Sozialforschung/Forum: Qualitative Social Research, Vol. 13, No. 1, Art. 32. www.doi.org/10.17169/fqs-13.1.1711

Breckner, Roswitha (2012): Bildwahrnehmung – Bildinterpretation. Segmentanalyse als methodischer Zugang zur Erschließung bildlichen Sinns. In: Österreichische Zeitschrift für Soziologie, Vol. 37, S. 143–164.

Breuer, Franz/Deppermann, Arnulf/Kuckartz, Udo/Mey, Günter/Mruck, Katja/Reichertz, Jo (2014): All is data. Qualitative Forschung und ihre Daten. In: Mey, Günter/Mruck, Katja (Hrsg.): Qualitative Forschung. Wiesbaden: Springer VS, S. 261–290.

Buchanan, David A./Bryman, Alan (2007): Contextualizing methods choice in organizational research. In: Organizational Research Methods, Vol. 10, No. 3, S. 483–501.

Bukow, Wolf-Dietrich/Yildiz, Erol (Hrsg.) (2002): Der Umgang mit der Stadtgesellschaft. Ist die multikulturelle Stadt gescheitert oder wird sie zu einem Erfolgsmodell? Opladen: Leske + Budrich.

Burzan, Nicole/Hitzler, Ronald (Hrsg.) (2018): Typologische Konstruktionen. Prinzipien und Forschungspraxis. Wiesbaden: Springer VS.

Butler, Judith (1990): Gender trouble. Feminism and the subversion of identity. New York: Routledge.

Butler, Judith (1993): Bodies that matter. New York: Routledge.

Butler, Judith (2014): Bodily vulnerability, coalitions, and street politics. Differences in common. In: Critical Studies, Vol. 37, Issue 1, S. 97–119.

Cabantous, Laure/Gond, Jean Pascal/Harding, Nancy/Learmonth, Mark (2016): Critical essay. Reconsidering critical performativity. In: Human Relations, Vol. 69, Issue 2, S. 197–213.

Carlile, Paul R./Nicolini, Davide/Langley, Ann/Tsoukas, Haridimos (Hrsg.) (2013): How matter matters. Objects, artifacts, and materiality in organization studies. Oxford: Oxford University Press.

Charmaz, Kathy (2011): Constructing grounded theory. A practical guide through qualitative analysis. London u. a.: Sage.

Charmaz, Kathy (2014): Constructing grounded theory. Los Angeles u. a.: Sage.

Christmann, Gabriele B. (2016): Einleitung. Zur kommunikativen Konstruktion von Räumen. In: Christmann, Gabriele B. (Hrsg.): Zur kommunikativen Konstruktion von Räumen. Theoretische Konzepte und empirische Analysen. Theorie und Praxis der Diskursforschung. Wiesbaden: Springer VS, S. 7–25.

Clarke, Adele (2012): Situationsanalyse. Grounded Theory nach dem Postmodern Turn. Wiesbaden: Springer VS.

Colby, Anne/Kohlberg, Lawrence (1987): The measurement of moral judgment. Cambridge: Cambridge University Press.

Conti, Joseph A./O'Neil, Moira (2007): Studying power. Qualitative methods and the global elite. In: Qualitative Research, Vol. 7, Issue 1, S. 63–82.

Contu, Alessia (2018): ‚… The point is to change it' – Yes, but in what direction and how? Intellectual activism as a way of ‚walking the talk' of critical work in business schools. In: Organization, Vol. 2, Issue 2, S. 282–293.

Contu, Alessia (2019): Answering the crisis with intellectual activism. Making a difference as business schools scholars. In: Human Relations, Vol. 73, Issue 5, S. 737–757.

Cook, Kay (2012): Stigma and the interview encounter. In: Gubrium, Jaber F./Holstein, James A./Marvasti, Amir B./McKinney, Karyn D. (Hrsg.): The SAGE handbook of interview research. The complexity of the craft. Thousand Oaks/California: SAGE Publications, Inc., S. 333–345.

Cornwall, Andrea/Jewkes, Rachel (1995): What is participatory research? In: Social Science and Medicine, Vol. 41, No. 12, S. 1667–1676.

Cucca, Roberta/Ranci, Constanzo (2017): Introduction. European cities between economic competitiveness and social integration. In: Cucca, Roberta/Ranci, Constanzo (Hrsg.): Unequal cities. The challenge of post industrial transition in times of austerity. New York: Routledge, S. 19–36.

Czarniawska, Barbara (1997): Narrating the organization. Dramas of institutional identity. Chicago: University of Chicago Press.

Czarniawska, Barbara/Joerges, Bernward (1996): Travels of ideas. In: Czarniawska, Barbara/Sevón, Guje (Hrsg.): Translating organizational change. Berlin/New York: de Gruyter, S. 13–48.

De Genova, Nicholas (2007): The production of culprits. From deportability to detainability in the aftermath of „Homeland Security". In: Citizenship Studies, Vol. 11, Issue 5, S. 421–448.

De Jager, Adèle/Tewson, Anna/Ludlow, Bryn/Boydell, Katherine M. (2016): Embodied ways of storying the self. A systematic review of body-mapping. In: Forum Qualitative Sozialforschung/Forum: Qualitative Social Research, Vol. 17, No. 2, Art. 22. www.doi.org/10.17169/fqs-17.2.2526

Deegan, Mary Jo (1988): W. E. B. Du Bois and the women of hull-house, 1895–1899. In: The American Sociologist, Vol. 19, No. 4, S. 301–311.

Deppermann, Arnulf (2013): Interview als Text vs. Interview als Interaktion. In: Forum Qualitative Sozialforschung/Forum: Qualitative Social Research, Vol. 17, No. 3, Art. 13. www.doi.org/10.17169/fqs-14.3.2064

Derrida, Jacques (2004): Signatur Ereignis Kontext. In: Derrida, Jacques: Die différance. Ausgewählte Texte. Stuttgart: Reclam, S. 68–109.

derstandard.at (2016): „Community Polizei". Wiener Polizei sucht Sicherheitsbürger, 8.7.2016. www.derstandard.at/story/2000040692093/pilotprojekt-community-polizei-wird-auf-wien-ausgedehnt (Eingesehen am: 13.07.2018).

DeWalt, Kathleen M./DeWalt, Billie R. (2002): Participant observation. A guide for fieldworkers. Walnut Creek: AltaMira Press.

Dülmer, Hermann (2019): Vignetten. In: Baur, Nina/Blasius, Jörg (Hrsg.): Handbuch Methoden der empirischen Sozialforschung. Wiesbaden: Springer VS, S. 863–874.

Echterhölter, Anna (2013): Die Umgebung der Theorie. Urbane Situation und Ökologie in der Chicago School of Sociology. In: Ziemann, Andreas (Hrsg.): Offene Ordnung? Philosophie und Soziologie der Situation. Wiesbaden: Springer VS, S. 19–38.

Eckert, Judith/Cichecki, Diana (2020): Mit „gescheiterten" Interviews arbeiten. Impulse für eine reflexiv-interaktionistische Interviewforschung. Weinheim/Basel: Beltz Juventa.

Eisewicht, Paul (2018): Schreibtischarbeit. Varianten interpretativer Typenbildung. In: Burzan, Nicole/Hitzler, Ronald (Hrsg.) (2018): Typologische Konstruktionen. Prinzipien und Forschungspraxis. Wiesbaden: Springer VS, S. 13–32.

Ellis, Carolyn (1993): „There are survivors". Telling a story of sudden death. In: Sociological Quarterly, Vol. 34, No. 4, S. 711–730.

Fängström, Karin/Eriksson, Maria (2020): The feasibility of the In My Shoes computer assisted interview for eliciting evaluative content in interviews with young children. In: Children and Youth Services Review, Vol. 119, S. 1–11.

Fernández-Ardèvol, Mireia/Rosales, Andrea/Loos, Eugène/Peine, Alexander/Beneito-Montagut, Roser/Blanche, Daniel/Fischer, Björn/Katz, Stephan/Östlund, Britt (2019): Methodological strategies to understand smartphone practices for social connectedness in later life. In: Zhou, Jia/Salvendy, Gabriel (Hrsg.): Human aspects of IT for the aged population. Social media, games and assistive environments. HCII 2019. Lecture Notes in Computer Science, Vol. 11593. Cham: Springer. www.doi.org/10.1007/978-3-030-22015-0_4

Fischer-Rosenthal, Wolfram/Rosenthal, Gabriele (1997): Narrationsanalyse biografischer Selbstpräsentationen. In: Hitzler, Ronald/Honer, Anne (Hrsg.): Sozialwissenschaftliche Hermeneutik. Opladen: Leske + Budrich, S. 133–164.

Flick, Uwe (2016): Von den Irritationen in die Peripherie? Anmerkungen zu Ronald Hitzlers Artikel „Zentrale Merkmale und periphere Irritationen interpretativer Sozialforschung". In: Zeitschrift für qualitative Forschung, Vol. 17, No. 1/2, S. 199–203.

Flick, Uwe (2019): Gütekriterien qualitativer Sozialforschung. In: Baur, Nina/Blasius, Jörg (Hrsg.): Handbuch Methoden der empirischen Sozialforschung. Wiesbaden: Springer VS, S. 473–488.

Flick, Uwe (2020): Gütekriterien qualitativer Sozialforschung. In: Mey, Günther/Mruck, Katja (Hrsg.): Handbuch Qualitative Forschung in der Psychologie. Band 2: Designs und Verfahren, 2., aktualisierte und erweiterte Auflage. Wiesbaden: Springer VS, S. 247–263.

Foucault, Michel (2005): Analytik der Macht. Auswahl und Nachwort von Thomas Lemke. Frankfurt/M.: Suhrkamp.

Fox, Nick J./Alldred, Pam (2015): New materialist social inquiry. Designs, methods and the research-assemblage. In: International Journal of Social Research Methodology, Vol. 18, Issue 4, S. 399–414.

Franzmann, Andreas (2007): Deutungsmusteranalyse. In: Schützeichel, Rainer (Hrsg.): Handbuch Wissenssoziologie und Wissensforschung. Köln: Halem, S. 191–198.

Froschauer, Ulrike (2012): Organisationen in Bewegung. Beiträge zur interpretativen Organisationsanalyse. Wien: facultas wuv.

Froschauer, Ulrike/Lueger, Manfred (2003): Das qualitative Interview. Wien: facultas wuv.

Froschauer, Ulrike/Lueger, Manfred (2020): Das qualitative Interview. Wien: facultas wuv.

Geertz, Clifford (1983): Dichte Beschreibung. Beiträge zum Verstehen kultureller Systeme. Frankfurt/M.: Suhrkamp.

Geimer, Alexander/Amling, Steffen/Bosančić, Saša (2019): Einleitung. Anliegen und Konturen der Subjektivierungsforschung. In: Geimer, Alexander/Amling, Steffen/Bosančić, Saša (Hrsg.): Subjekt und Subjektivierung. Wiesbaden: Springer VS, S. 1–15.

Glaser, Barney G./Strauss, Anselm L. (1967): The discovery of grounded theory. Strategies for qualitative research. Chicago: Aldine.

Goffman, Erving (1975): Frame Analysis. Cambridge/Massachusetts: Harvard University Press.

Goffman, Erving (1994): Interaktion und Geschlecht. Frankfurt/M./New York: Campus.

Goffman, Erving (2009): Interaktion im öffentlichen Raum. Frankfurt/M.: Campus.

Goffman, Erving (2016): Asyle. Über die soziale Situation psychiatrischer Patienten und anderer Insassen. Frankfurt/M.: Suhrkamp.

Götsch, Monika/Klinger, Sabine/Thiesen, Andreas (2012): „Stars in der Manege?“ Demokratietheoretische Überlegungen zur Dynamik partizipativer Forschung. In: Forum Qualitative Sozialforschung/Forum: Qualitative Social Research, Vol. 13, No. 1, Art. 4. www.doi.org/10.17169/fqs-13.1.1780

Greenbaum, Thomas L. (1998): The handbook for focus group research. Thousand Oaks u. a.: Sage.

Griffin, Martyn/Harding, Nancy/Learmonth, Mark (2017): Whistle while you work? Disney animation, organizational readiness and gendered subjugation. In: Organization Studies, Vol. 38, Issue 7, S. 869–894.

Hack, Carmen (2019): Erfahrungen mit der Verknüpfung der inhaltlich strukturierenden qualitativen Inhaltsanalyse und der qualitativen strukturalen Analyse am Beispiel der Explikation von Netzwerkkonstellationen. In: Forum Qualitative Sozialforschung/Forum: Qualitative Social Research, Vol. 20, No. 3, Art. 25. www.doi.org/10.17169/fqs-20.3.3381

Hammerschick, Walter/Karazman-Morawetz, Inge/Stangl, Wolfgang (Hrsg.) (1996): Die sichere Stadt. Prävention und kommunale Sicherheitspolitik. Baden-Baden: Nomos.

Harding, Nancy H./Ford, Jackie/Lee, Hugh (2017): Towards a performative theory of resistance. Senior managers and revolting subject(ivitie)s. In: Organization Studies, Vol. 38, Issue 9, S. 1209–1231.

Hassard, John/Burns, Diane/Hyde, Paula (2018): A visual turn for organizational ethnography. Embodying the subject in video-based research. In: Organization Studies, Vol. 39, Issue 10, S. 1403–1424.

Häußermann, Hartmut/Siebel, Walter (2004): Stadt-Soziologie. Eine Einführung. Frankfurt/M.: Campus.

Henke, Justus/Pasternack, Peer/Schmid, Sarah (2017): Mission, die dritte. Die Vielfalt jenseits hochschulischer Forschung und Lehre. Konzept und Kommunikation der Third Mission. Berlin: Berliner Wissenschafts-Verlag.

Heracleous, Loizos/Barrett, Michael (2017): Organizational change as discourse. Communicative actions and deep structures in the context of information technology implementation. In: Academy of Management Journal, Vol. 44, No. 4, S. 755–778.

Hillebrandt, Frank (2014): Soziologische Praxistheorien. Eine Einführung. Wiesbaden: Springer VS.

Hirschauer, Stefan (2001): Ethnografisches Schreiben und die Schweigsamkeit des Sozialen. Zu einer Methodologie der Beschreibung. In: Zeitschrift für Soziologie, Vol. 30, No. 6, S. 429–451.

Hirschauer, Stefan (2004): Praktiken und ihre Körper. Über materielle Partizipanden des Tuns. In: Hörnig, Karl H./Reuter, Julia (Hrsg.): Doing Culture. Neue Positionen zum Verhältnis von Kultur und sozialer Praxis. Bielefeld: transcript, S. 73–91.

Hirschauer, Stefan (2008): Körper macht Wissen. Für eine Normalisierung des Wissensbegriffs. In: Rehberg, Karl-Siegbert (Hrsg.): Die Natur der Gesellschaft. Teil 2. Frankfurt/M.: Campus, S. 974–984.

Hitzler, Ronald (2016): Zentrale Merkmale und periphere Irritationen interpretativer Sozialforschung. In: Zeitschrift für Qualitative Forschung, Vol. 17, No. 1-2, S. 171–184.

Höllerer, Markus A./Jancsary, Dennis/Grafström, Maria (2018): ‚A picture is worth a thousand words‘. Multimodal sensemaking of the global financial crisis. In: Organization Studies, Vol. 39, Issues 5–6, S. 617–644.

Hollstein, Betina (2006): Qualitative Methoden und Netzwerkanalysen – ein Widerspruch? In: Hollstein, Betina/Straus, Florian (2006): Qualitative Netzwerkanalyse. Konzepte, Methoden, Anwendungen. Wiesbaden: VS Verlag für Sozialwissenschaften, S. 11–36.

Hopf, Christel (2012): Qualitative Interviews – ein Überblick. In: Flick, Uwe/von Kardorff, Ernst/Steinke, Ines (Hrsg.): Qualitative Sozialforschung. Ein Handbuch. Reinbek bei Hamburg: Rowohlt, S. 349–360.

Hughes, Rhidian/Huby, Meg (2002): The application of vignettes in social and nursing research. Methodological issues in nursing research. In: Journal of Advanced Nursing, Vol. 37, Issue 4, S. 382–386.

Hugman, Richard/Pittaway, Eileen/Bartolomei, Linda (2011): When ‚do no harm' is not enough. The ethics of research with refugees and other vulnerable groups. In: British Journal of Social Work, Vol. 41, Issue 7, S. 1271–1287.

Humphreys, Mark (2014): Qualitative vignettes. Vortrag am 2.5.2014. Wirtschaftsuniversität Wien.

Hydén, Lars-Christer/Bülow, Pia (2003): Who's talking. Drawing conclusions from focus groups. Some methodological considerations. In: International Journal of Social Research Methodology, Vol. 6, Issue 4, S. 305–321.

Jahoda, Marie/Lazarsfeld, Paul F./Zeisel, Hans (1994 [1933]): Die Arbeitslosen von Marienthal. Ein soziographischer Versuch über die Wirkungen langandauernder Arbeitslosigkeit. Mit einem Anhang zur Geschichte der Soziographie. Frankfurt/M.: Suhrkamp.

Jenkins, Nicholas/Bloor, Michael/Fischer, Jan/Berney, Lee/Neale, Joanne (2010): Putting it in context. The use of vignettes in qualitative interviewing. In: Qualitative Research, Vol. 10, Issue 2, S. 175–198.

Johnston, Les (2005): From ‚community' to ‚neighbourhood' policing. Police community support officers and the ‚police extended family' in London. In: Journal of Community & Applied Social Psychology, Vol. 15, Issue 3, S. 241–254.

Kaczmarek, Jan (2008): Soziologischer Film – Theoretische und Praktische Aspekte. In: Forum Qualitative Sozialforschung/Forum: Qualitative Social Research, Vol. 9, No. 3, Art. 34. www.doi.org/10.17169/fqs-9.3.1164

Kandemir, Asli/Budd, Richard (2018): Using vignettes to explore reality and values with young people. In: Forum Qualitative Sozialforschung/Forum: Qualitative Social Research, Vol. 19, No. 2, Art. 1. www.doi.org/10.17169/fqs-19.2.2914

Keller, Monika (2005): Moralentwicklung und moralische Sozialisation. In: Horster, Detlef/Oelkers, Jürgen (Hrsg.): Pädagogik und Ethik. Wiesbaden: VS Verlag für Sozialwissenschaften, S. 149–172.

Keller, Reiner (2007): Diskurse und Dispositive analysieren. Die wissenssoziologische Diskursanalyse als Beitrag zu einer wissensanalytischen Profilierung der Diskursforschung. In: Forum Qualitative Sozialforschung/Forum: Qualitative Social Research, Vol. 8, No. 2, Art. 19. www.doi.org/10.17169/fqs-8.2.243

Keller, Reiner (2011): Wissenssoziologische Diskursanalyse. Grundlegung eines Forschungsprogramms. Wiesbaden: Springer.

Keller, Reiner (2014a): Wissenssoziologische Diskursforschung und Deutungsmusteranalyse. In: Behnke, Cornelia/Lengersdorf, Diana/Scholz, Sylka (Hrsg.): Wissen – Methode – Geschlecht. Erfassen des fraglos Gegebenen. Geschlecht und Gesellschaft. Wiesbaden: Springer VS, S. 143–160.

Keller, Reiner (2014b): Assoziationen. Über Subjektprobleme des Poststrukturalismus und die Perspektive der Wissenssoziologischen Diskursanalyse. In: Poferl, Angelika/Schröer, Norbert (Hrsg.): Wer oder was handelt? Zum Subjektverständnis der hermeneutischen Wissenssoziologie. Wiesbaden: Springer VS, S. 67–94.

Keller, Reiner/Clarke, Adele (2018): Situating SKAD in interpretative inquiry. In: Keller, Reiner/Hornidge, Anna-Katharina/Schünemann, Wolf J. (Hrsg.): The sociology of knowledge approach to discourse. Investigating the politics of knowledge and meaning-making. London/New York: Routledge, S. 48–72.

Keller, Reiner/Knoblauch, Hubert/Reichertz, Jo (Hrsg.) (2013): Kommunikativer Konstruktivismus. Theoretische und empirische Arbeiten zu einem neuen wissenssoziologischen Ansatz. Wiesbaden: Springer VS.

Khasnabish, Alex/Haiven, Max (2012): Convoking the radical imagination. Social movement research, dialogic methodologies, and scholarly vocations. In: Cultural Studies → Critical Methodologies, Vol. 12, Issue 5, S. 408–421.

Kitzinger, Jenny (1994): The methodology of focus groups. The importance of interaction between research participants. In: Sociology of Health and Illness, Vol. 16, Issue 1, S. 103–121.

Knoblauch, Hubert (2009): Die Öffentlichkeit der Interaktion. In: Goffman, Erving (Hrsg.): Interaktion im öffentlichen Raum. Frankfurt/M.: Campus, S. 9–14.

Knoblauch, Hubert (2017): Die kommunikative Konstruktion der Wirklichkeit. Wiesbaden: Springer.

Knoblauch, Hubert/Baer, Alejandro/Laurier, Eric/Petschke, Sabine/Schnettler, Bernt (2008): Visual analysis. New developments in the interpretative analysis of video and photography. In: Forum Qualitative Sozialforschung/Forum: Qualitative Social Research, Vol. 9, No. 3, Art. 14. www.doi.org/10.17169/fqs-9.3.1170

Kohlberg, Lawrence (1984): Essays on moral development. San Francisco: Harper and Row.

Kolb, Bettina (2008): Involving, sharing, analysing. Potential of the participatory photo interview. In: Forum Qualitative Sozialforschung/Forum: Qualitative Social Research, Vol. 9, No. 3, Art. 12. www.doi.org/10.17169/fqs-9.3.1155

Kornberger, Martin/Leixnering, Stephan/Meyer, Renate E./Höllerer, Markus A. (2018): Rethinking the sharing economy. The nature and organization of sharing in the 2015 refugee crisis. In: Academy of Management Discoveries, Vol. 4, No. 3, S. 314–335.

Kraus, Wolfgang (2000): Identitäten zum Reden bringen. Erfahrungen mit qualitativen Ansätzen in einer Längsschnittstudie. In: Forum Qualitative Sozialforschung/Forum: Qualitative Social Research, Vol. 1, No. 2, Art. 15. www.doi.org/10.17169/fqs-1.2.1084

Kurt, Ronald (2010): Diener zweier Damen. Videobasierte Sozialforschung zwischen Datendokumentation und Filmproduktion. In: Corsten, Michael/Krug, Melanie/Moritz, Christine (Hrsg.): Videographie praktizieren. Wiesbaden: Springer VS, S. 195–208.

Lamnek, Siegfried (2010): Qualitative Sozialforschung. Lehrbuch. Weinheim/Basel: Beltz.

Lamnek, Siegfried/Vogl, Susanne (2017): Theorien abweichenden Verhaltens II. „Moderne" Ansätze. Paderborn: Wilhelm Fink.

Langer, Phil C. (2013): Chancen einer interpretativen Repräsentation von Forschung. Die Fallvignette als „Reflexive Account". In: Langer, Phil C./Kühner, Angela/Schweder, Panja (Hrsg.): Reflexive Wissensproduktion. Anregungen zu einem kritischen Methodenverständnis in qualitativer Forschung. Wiesbaden: Springer VS, S. 111–130.

Langer, Phil C. (2016): The research vignette. Reflexive writing as interpretative representation of qualitative inquiry. A methodological proposition. In: Qualitative Inquiry, Vol. 22, Issue 9, S. 735–745.

Latour, Bruno (1996): Der Berliner Schlüssel. Erkundungen eines Liebhabers der Wissenschaften. Berlin: Akademie.

Latour, Bruno (2007): Eine neue Soziologie für eine neue Gesellschaft. Einführung in die Akteur-Netzwerk-Theorie. Frankfurt/M.: Suhrkamp.

Learmonth, Mark/Humphreys, Mike (2016): Autoethnographic vignettes in HRM. In: Handbook of Qualitative Research Methods on Human Resource Management. Cheltenham/Northampton: Edward Elgar Publishing, S. 205–220.

Lewin, Kurt (1947): Group decision and social change. In: Newcomb, Theodore M./Harley, Eugene L. (Hrsg.): Readings in Social Psychology. New York: Henry Holt, S. 330–344.

Liebig, Brigitte/Nentwig-Gesemann, Iris (2002): Gruppendiskussion. In: Kühl, Stefan/Strodtholz, Petra/Taffertshofer, Andreas (Hrsg.): Handbuch Methoden der Organisationsforschung. Wiesbaden: Springer, S. 102–123.

Lind, Georg (1987): Kohlberg auf dem Prüfstand. Ein fiktives Gespräch über Schule, Demokratie und kognitiv-moralische Entwicklung. In: Lind, Georg/Raschert, Jürgen (Hrsg.): Moralische Urteilsfähigkeit. Eine Auseinandersetzung mit Lawrence Kohlberg. Weinheim/Basel: Beltz, S. 59–75.

Lindner, Rolf (1990): Die Entdeckung der Stadtkultur. Soziologie aus der Erfahrung der Reportage. Frankfurt/M.: Campus.

Loosen, Wiebke (2016): Das Leitfadeninterview – eine unterschätzte Methode. In: Averbeck-Lietz, Stefanie/Meyen, Michael (Hrsg.): Handbuch nicht standardisierter Methoden in der Kommunikationswissenschaft. Wiesbaden: Springer VS, S. 139–155.

Lüders, Christian (1991): Deutungsmusteranalyse. Annäherung an ein risikoreiches Konzept. In: Garz, Detlef/Kraimer, Klaus (Hrsg.): Qualitativ-empirische Sozialforschung. Konzepte, Methoden, Analysen. Opladen: Westdeutscher Verlag, S. 377–408.

Lueger, Manfred (2010): Interpretative Sozialforschung. Die Methoden. Wien: facultas wuv.

Lueger, Manfred/Froschauer, Ulrike (2013): Konfliktnarrationen in Organisationen. In: Konfliktdynamik, Vol. 2, No. 4, S. 292–301.

Lueger, Manfred/Froschauer, Ulrike (2018): Artefaktanalyse. Grundlagen und Verfahren. Wiesbaden: Springer VS.

Lueger, Manfred/Sandner, Karl/Meyer, Renate/Hammerschmid, Gerhard (2005): Contextualizing influence activities. An objective hermeneutical approach. In: Organization Studies, Vol. 26, Issue 8, S. 1145–1168.

Mäder, Susanne (2013): Die Gruppendiskussion als Evaluationsmethode. Entwicklungsgeschichte, Potenziale und Formen. In: Zeitschrift für Evaluation, Vol. 12, S. 23–52.

Mannheim, Karl (1980): Strukturen des Denkens. Frankfurt/M.: Suhrkamp.

Mason, Bruce/Dicks, Bella (2001): Going beyond the code. The production of hypermedia ethnography. In: Social Science Computer Review, Vol. 19, Issue 4, S. 445–457.

Mayr, Elisabeth/Miko, Katharina/Stadler-Vida, Michael/Sardadvar, Karin/Schachner, Anna (2015): Endbericht zum Projekt POLIS – Polizei und Öffentlichkeit. Lehre – Intensivierung – Sicherheit. Wien: bmvit – Bundesministerium für Verkehr, Innovation und Technologie.

Mayrhofer, Hemma/Schachner, Anna (2013): Partizipative Fotobefragung in der Evaluationspraxis. Möglichkeiten und Grenzen des Arbeitens mit anspruchsvollen qualitativen Verfahren am Beispiel einer Projektevaluierung im Behindertenbereich. In: Forum Qualitative Sozialforschung/Forum: Qualitative Social Research, Vol. 14, No. 2, Art. 9.
www.doi.org/10.17169/fqs-14.2.1914

McClelland, David C./Atkinson, John W./Clark, Russell A./Lowell, Edgar L. (1953): The achievement motive. New York: Appleton-Century-Crofts.

McGregor, JoAnn (2011): Contestations and consequences of deportability. Hunger strikes and the political agency of non-citizens. In: Citizenship Studies, Vol. 15, Issue 5, S. 597–611.

McKenzie, Roderick D. (1923): The neighbourhood. A study of local life in the city of Columbus, Ohio. Chicago: University of Chicago Press.

Mengis, Jeanne/Nicolini, Davide/Gorli, Mara (2018): The video production of space. How different recording practices matter. In: Organizational Research Methods, Vol. 21, Issue 2, S. 288–315.

Merton, Robert K. (1987): The focused interview and focus groups. Continuities and discontinuities. In: The Public Opinion Quarterly, Vol. 51, No. 4, S. 550–566.

Merton, Robert K./Fiske, Marjorie/Kendall, Patricia L. (1956): The focused interview. A manual of problems and procedures. New York: The Free Press.

Merton, Robert K./Kendall, Patricia L. (1979): Das fokussierte Interview. In: Hopf, Christel/Weingarten, Elmar (Hrsg.): Qualitative Sozialforschung. Stuttgart: Klett-Cotta, S. 171–203.

Meuser, Michael/Sackmann, Reinhold (1992): Zur Einführung. Deutungsmusteransatz und empirische Wissenssoziologie. In: Meuser, Michael/Sackmann, Reinhold (Hrsg.): Analyse sozialer Deutungsmuster. Beiträge zur empirischen Wissenssoziologie. Pfaffenweiler: Centaurus, S. 9–38.

Mey, Günter (2000): Erzählungen in qualitativen Interviews. Konzepte, Probleme, soziale Konstruktionen. In: Sozialer Sinn. Zeitschrift für hermeneutische Sozialforschung, Vol. 1, No. 1, S. 135–151.

Mey, Günter (2016): Qualitative Forschung. Zu einem Über(be)griff und seinen (Ver)Wendungen. In: Zeitschrift für qualitative Forschung, Vol. 17, No. 1/2, S. 185–197.

Mey, Günter/Mruck, Katja (2020): Qualitative Interviews. In: Günter, Mey/Mruck, Katja (Hrsg.): Handbuch Qualitative Forschung in der Psychologie. Band 2: Designs und Verfahren, 2., aktualisierte und erweiterte Auflage. Wiesbaden: Springer, S. 315–335.

Mey, Günter/Mruck, Katja (Hrsg.) (2014): Qualitative Forschung. Analysen und Diskussionen. 10 Jahre Berliner Methodentreffen. Wiesbaden: Springer.

Mignone, Javier/Chase, Robert M./Roger, Kerstin (2019): A graphic and tactile data elicitation tool for qualitative research. The life story board. In: Forum Qualitative Sozialforschung/Forum: Qualitative Social Research, Vol. 20, Issue 2, S. 1–26. www.doi.org/10.17169/fqs-20.2.3136

Miko, Katharina (2013): Visuelles Nosing Around. Zur theoretischen Fundierung visualisierter Wissenschaftskommunikation. In: Soziale Welt. Zeitschrift für sozialwissenschaftliche Forschung und Praxis, Vol. 64, No. 4, S. 153–170.

Miko, Katharina/Atzmüller, Christiane/Raab-Steiner, Elisabeth/Kugler, Jochen (2010): Subjektive Wahrnehmung von Sicherheit/Unsicherheit im öffentlichen Raum. Wien: bmvit – Bundesministerium für Verkehr, Innovation und Technologie.

Miko, Katharina/Kugler, Jochen (2011): SUSI – Subjektive Wahrnehmung von Sicherheit/Unsicherheit im öffentlichen Raum. In: Wissenschaf(f)t Sicherheit. Wien: bmvit – Bundesministerium für Verkehr, Innovation und Technologie, S. 64–72.

Miko, Katharina/Mayr, Elisabeth (2014): Partizipative Sicherheitsforschung in Ausbildung und Lehre. Rück- und Ausblick zur Implementierung von Wissen um die subjektive Sicherheit in die polizeiliche Lehre. In: SIAK Journal. Zeitschrift für Polizeiwissenschaft und Polizeiliche Praxis, Vol. 11, No. 1, S. 46–53.

Miko, Katharina/Mayr, Elisabeth/Stadler-Vida, Michael (2013): Endbericht zum Projekt PARSIFAL – Partizipative Sicherheitsforschung in Ausbildung und Lehre. Wien: bmvit – Bundesministerium für Verkehr, Innovation und Technologie.

Miko, Katharina/Neureiter, Petrissa/Stadler-Vida, Michael (2012): Planen – Aber Sicher! Physische und soziale Verunsicherungsphänomene – Wie kann die Stadtplanung ihnen begegnen? Werkstattberichte der Stadt Wien. Wien: MA 18 – Stadtentwicklung und Stadtplanung.

Miko-Schefzig, Katharina (2019): Subjektive Sicherheit in Situation, Organisation und Diskurs. Zur wissenssoziologischen Analyse sozialer Situationen im öffentlichen Raum. Wiesbaden: Springer VS.

Miko-Schefzig, Katharina/Learmonth, Mark/McMurray, Robert (2020): A different way of looking at things. The role of social science film in organisation studies. In: Organization, Oktober 2020. www.doi.org/10.1177%2F1350508420961526

Miko-Schefzig, Katharina/Reiter, Cornelia (2018): Partizipatives Forschen im Kontext der Organisation Polizei. Ethisches Forschen mit vulnerablen Gruppen am Beispiel der Schubhaft. In: Forum Qualitative Sozialforschung/Forum: Qualitative Social Research, Vol. 19, No. 3, Art. 10. www.doi.org/10.17169/fqs-19.3.3142

Miko-Schefzig, Katharina/Reiter, Cornelia/Sardadvar, Karin (2018): MOMA: Modernes Management im Polizeianhaltewesen – Safe & Healthy Prisons. Ergebnis- und Methodenbericht zum Einsatz der vignettenbasierten Fokusgruppen im speziellen Kontext Haft. Wien: bmvit – Bundesministerium für Verkehr, Innovation und Technologie.

Miko-Schefzig, Katharina/Sardadvar, Karin/Mayr, Elisabeth/Schachner, Anna (2016): Die Projekte PARSIFAL und POLIS. Sicherheit im öffentlichen Raum als sozialwissenschaftliches Problem. In: Wissenschaf(f)t Sicherheit, Studienband 3. Wien: bmvit – Bundesministerium für Verkehr, Innovation und Technologie, S. 155–164.

Mikunda, Christian (2002): Der verbotene Ort oder Die inszenierte Verführung. Unwiderstehliches Marketing durch strategische Dramaturgie. Frankfurt/M./Wien: Ueberreuter.

Mills, Charles Wright (1956): The power elite. New York: Oxford University Press.

Mohn, Bina Elisabeth (2013): Differenzen zeigender Ethnographie. In: Soziale Welt, Vol. 64, No. 1/2, S. 171–189.

Morgan, David L. (2012): Focus groups and social interaction. In: Gubrium, Jaber F./Holstein, James A./Marvasti, Amir B./McKinney, Karyn D. (Hrsg.): The Sage handbook of interview research. The complexity of the craft. Thousand Oaks u. a.: Sage, S. 161–176.

Morgan, David L./Hoffman, Kim (2018): Focus groups. In: Flick, Uwe (2018): The Sage handbook of qualitative data collection. Thousand Oaks: Sage.

Morgan, David. L. (1997): Focus groups as qualitative research. Thousand Oaks u. a.: Sage.

Mruck, Katja/Mey, Günter (2019): Grounded theory and reflexivity in the process of qualitative research. In: Bryant, Antony/Charmaz, Kathy (Hrsg.): The Sage handbook of current developments in grounded theory. London: Sage, S. 470–496.

Muchow, Martha/Muchow, Hans Heinrich (2012 [1935]): Der Lebensraum des Großstadtkindes. Weinheim/Basel: Beltz Juventa.

Murray, Henry A. (1943): Thematic apperceptive test manual. Cambridge: Harvard University Press.

Nagler, Brigitte (2002): Rollenspiel. In: Kühl, Stefan/Strodtholz, Petra (Hrsg.): Methoden der Organisationsforschung. Ein Handbuch. Reinbek bei Hamburg: Rowohlt, S. 175–206.

Narimani, Petra (2014): Zustimmung als Prozess. Informiertes Einverständnis in der Praxisforschung mit von Ausweisung bedrohten Drogenabhängigen. In: Unger, Hella von/Narimani, Petra/M'Bayo, Rosaline (Hrsg.): Forschungsethik in der qualitativen Forschung. Reflexivität, Perspektiven, Positionen. Wiesbaden: Springer Fachmedien, S. 41–58.

Oevermann, Ulrich (1973): Zur Analyse der Struktur von sozialen Deutungsmustern. Unveröffentlichtes Manuskript. Frankfurt/M., S. 3–33.

Oevermann, Ulrich (2001): Die Struktur sozialer Deutungsmuster. Versuch einer Aktualisierung. In: Sozialer Sinn. Zeitschrift für hermeneutische Sozialforschung, Vol. 2, No. 1, S. 35–82.

Offenberger, Ursula (2019): Anselm Strauss, Adele Clarke und die feministische Gretchenfrage. Zum Verhältnis von Grounded-Theory-Methodologie und Situationsanalyse. In: Forum Qualitative Sozialforschung/Forum: Qualitative Social Research, Vol. 20, Issue 2, Art. 6. www.doi.org/10.17169/fqs-20.2.2997

Park, Robert E. (1915): The city. Suggestions for the investigation of human behavior in the city environment. In: American Journal of Sociology, Vol. 20, No. 5, S. 577–612.

Park, Robert E./Burgess, Ernest W. (Hrsg.) (1967): The city. Suggestions for the investigation of human behavior in the city environment. Chicago: University of Chicago Press.

Penrod, Janice/Loeb, Susan J./Ladonne, Robert A./Martin, Lea M. (2016): Empowering change agents in hierarchical organizations. Participatory action research in prisons. In: Research in Nursing & Health, Vol. 39, Issue 3, S. 142–153.

Pfahl, Lisa/Schürmann, Lena/Traue, Boris (2014): Das Fleisch der Diskurse. Zur Verbindung von Biographie- und Diskursforschung in der wissenssoziologischen Subjektivierungsanalyse am Beispiel der Behindertenpädagogik. In: Fegter, Susann/Kessl, Fabian/Langner, Antje/Ott, Marion/Rothe, Daniela/Wrana, Daniel (Hrsg.): Diskursanalytische Zugänge zu Bildungs- und Erziehungsverhältnissen. Wiesbaden: Springer VS, S. 89–106.

Pflüger, Jessica (2012): Triangulation in der arbeits- und industriesoziologischen Fallstudienforschung. In: Kölner Zeitschrift für Soziologie, Vol. 64, No. 1, S. 155–173.

Pink, Sarah (2008): An urban tour. The sensory sociality of ethnographic place-making. In: Ethnography, Vol. 9, Issue 2, S. 175–196.

Polkinghorne, Donald E. (1995): Narrative configuration in qualitative analysis, In: International Journal of Qualitative Studies in Education, Vol. 8, Issue 1, S. 5–23.

Pollock, Friedrich (1955): Gruppenexperiment. Ein Studienbericht. Frankfurt/M.: Europäische Verlagsanstalt.

Potter, Jonathan/Shaw, Chloe (2018): The virtues of naturalistic data. In: Uwe, Flick (Hrsg.): The Sage handbook of qualitative data collection. Thousand Oaks: Sage, S. 182–199.

Raab, Jürgen (2008): Visuelle Wissenssoziologie. Theoretische Konzeption und materiale Analyse. Konstanz: UKW.

Reckwitz, Andreas (2000): Die Transformation der Kulturtheorien. Zur Entwicklung eines Theorieprogramms. Weilerswist: Velbrück.

Reckwitz, Andreas (2008): Praktiken und Diskurse. Eine sozialtheoretische und methodologische Relation. In: Kalthoff, Herbert/Hirschauer, Stefan/Lindemann, Gesa (Hrsg.): Theoretische Empirie. Zur Relevanz qualitativer Forschung. Frankfurt/M.: Suhrkamp, S. 188–209.

Reichertz, Jo (2013a): Gemeinsam interpretieren. Die Gruppeninterpretation als kommunikativer Prozess. Wiesbaden: Springer VS.

Reichertz, Jo (2013b): „Auf einmal platzte ein Reifen“ Oder: Kommunikatives Handeln und Situation. In: Ziemann, Andreas (Hrsg.): Offene Ordnung? Philosophie und Soziologie der Situation. Wiesbaden: Springer VS, S. 155–182.

Reichertz, Jo (2016): Der Kommunikative Konstruktivismus bei der Arbeit. Zur Einleitung. In: Raab, Jürgen/Keller, Reiner (Hrsg.): Wissensforschung – Forschungswissen. Beiträge und Debatten zum 1. Sektionskongress der Wissenssoziologie. Weinheim/Basel: Beltz Juventa, S. 401–403.

Reichertz, Jo (2017): Neues in der qualitativen und interpretativen Sozialforschung? In: Zeitschrift für Qualitative Forschung, Vol. 1, No. 1, S. 71–89.

Reichertz, Jo (2018): Meine Schweine erkenne ich am Gang – Revisited. In: Burzan, Nicole/Hitzler, Ronald (Hrsg.) (2018): Typologische Konstruktionen. Prinzipien und Forschungspraxis. Wiesbaden: Springer VS, S. 61–78.

Reitstätter, Luise/Fineder, Martina (2021): Der Ausstellungsinterviewrundgang (AIR) als Methode. Experimentelles Forschen mit Objekten am Beispiel der Wahrnehmung von Commons-Logiken. In: Forum Qualitative Sozialforschung/Forum: Qualitative Social Research, Vol. 2, Issue 1, Art. 6. www.doi.org/10.17169/fqs-22.1.3438

Remenyi, Dan (2011): Field methods for academic research. Interviews, focus groups and questionnaires in business and management studies. Reading: ACPI, Academic Conferences and Publishing International.

Rizvi, Sana (2019): Using fiction to reveal truth. Challenges of using vignettes to understand participant experiences within qualitative research. In: Forum Qualitative Sozialforschung/Forum: Qualitative Social Research, Vol. 20, Issue 1, Art. 10. www.doi.org/10.17169/fqs-20.1.3101

Rose, Nadine (2019): Erziehungswissenschaftliche Subjektivierungsforschung als Adressierungsanalyse. In: Geimer, Alexander/Amling, Steffen/Bosančić, Saša (Hrsg.): Subjekt und Subjektivierung. Wiesbaden: Springer VS, S. 65–85.

Rost, Katja/Arnold, Nicholas (2017): Die Vignettenanalyse in den Sozialwissenschaften. Eine anwendungsorientierte Einführung. München: Rainer Hampp.

Routledge, Paul/Derickson, Kate D. (2015): Situated solidarities and the practice of scholar-activism. In: Environment and Planning. Society and Space, Vol. 33, Issue 3, S. 391–407.

Sader, Manfred (1986): Rollenspiel als Forschungsmethode. Opladen: Westdeutscher Verlag.

Sarbin, Theodore R. (1986): The narrative as a root metaphor for psychology. In: Sarbin, Theodore R. (Hrsg.): Narrative psychology: The storied nature of human conduct. New York: Praeger Publishers/Greenwood Publishing Group, S. 3–21.

Schäfer, Franka (2015): Methoden einer Soziologie der Praxis. Bielefeld: transcript.

Schäfer, Hilmar (Hrsg.) (2016): Praxistheorie. Ein soziologisches Forschungsprogramm. Bielefeld: transcript.

Schatzki, Theodore/Knorr-Cetina, Karin/Savigny, Elke von (Hrsg.) (2001): The practice turn in contemporary theory. London/New York: Routledge.
Scheibelhofer, Elisabeth (2011): Raumsensible Migrationsforschung. Wiesbaden: VS Verlag für Sozialwissenschaften.
Schnettler, Bernt/Pötzsch, Frederik S. (2007): Visuelles Wissen. In: Schützeichel, Rainer (Hrsg.): Handbuch Wissenssoziologie und Wissensforschung. Konstanz: UVK, S. 472–484.
Schütz, Alfred/Luckmann, Thomas (2003): Strukturen der Lebenswelt. Konstanz: UVK.
Schütze, Fritz (1977): Die Technik des narrativen Interviews in Interaktionsfeldstudien – dargestellt an einem Projekt zur Erforschung von kommunalen Machtstrukturen. Bielefeld: Universität Bielefeld, Fakultät für Soziologie.
Sessar, Klaus/Stangl, Wolfgang/Van Swaaningen, René (Hrsg.) (2007): Großstadtängste – Anxious Cities. Untersuchungen zu Unsicherheitsgefühlen und Sicherheitspolitiken in europäischen Kommunen. Berlin: LIT.
Silverman, David (2011): Interpreting qualitative data, 4. Auflage. London: Sage.
Slutskaya, Natasha/Game, Annilee M./Simpson, Ruth C. (2018): Better together. Examining the role of collaborative ethnographic documentary in organizational research. In: Organizational Research Methods, Vol. 21, Issue 2, S. 341–365.
Spradley, James P. (1979): The ethnographic interview. Orlando: Holt, Rinehart and Winston, Incl.
Spradley, James P. (1980): Participant observation. Orlando: Holt, Rinehart and Winston, Incl.
Stahlke, Iris (2020): Rollenspiel. In: Mey, Günter/Mruck, Katja (Hrsg.): Handbuch Qualitative Forschung in der Psychologie. Band 2: Designs und Verfahren, 2., aktualisierte und erweiterte Auflage. Wiesbaden: Springer, S. 413–431.
Stangl, Wolfgang/Steinert, Heinz/Hammerschick, Walter/Hanak, Gerhard/Karazman-Morawetz, Inge (1995): Wien – sichere Stadt. Zur Entwicklung einer kommunalen Sicherheitspolitik in Wien. Forschungsbericht. Wien: Institut für Rechts- und Kriminalsoziologie.
Steiner, Peter/Atzmüller, Christiane (2006): Experimentelle Vignettendesigns in faktoriellen Surveys. In: Kölner Zeitschrift für Soziologie und Sozialpsychologie, Vol. 58, No. 1, S. 117–146.
Steiner, Peter/Atzmüller, Christiane/Su, Dan (2016): Designing valid and reliable vignette experiments for survey research. A case study on the fair gender income gap. In: Journal of Methods and Measurement in the Social Sciences, Vol. 7, Issue 2, S. 52–94.
Stiehler, Steve/Fritsche, Caroline/Reutlinger, Christian (2012): Der Einsatz von Fall-Vignetten. Potential für sozialräumliche Fragestellungen. In: sozialraum.de, Vol. 4, No. 1. https://www.sozialraum.de/der-einsatz-von-fall-vignetten.php (Eingesehen am: 12.02.2021).
Strauss, Anselm L. (1978): A social world perspective. In: Denzin, Norman K. (Hrsg.): Studies in symbolic interactions, 1. Bradford: Emerald Group, S. 119–128.
Strauss, Anselm L. (1982): Social worlds and legitimation processes. In: Denzin, Norman K. (Hrsg.): Studies in symbolic interactions, 4. Bradford: Emerald Group, S. 171–190.
Strauss, Anselm L. (1993): Continual permutations of action. New York, NY: Aldine de Gruyter.
Strauss, Anselm L./Corbin, Juliet (1996): Grounded Theory. Grundlagen Qualitativer Sozialforschung. Weinheim/Basel: Beltz Psychologie.
Strübing, Jörg (2017): Theoretischer Konservatismus und hegemonialer Gestus – über ungute professionspolitische Spaltungen. Ein Kommentar auf Ronald Hitzlers „Zentrale Merkmale und periphere Irritationen …“. In: Zeitschrift für Qualitative Forschung, Vol. 18, No. 1, S. 91–99.
Sutton-Brown, Camille A. (2014): Photovoice. A methodological guide. In: Photography and Culture, Vol. 7, Issue 2, S. 169–185.
Tee, Stephen R./Lathlean, Judith A. (2004): The ethics of conducting a co-operative inquiry with vulnerable people. In: Journal of Advanced Nursing, Vol. 47, Issue 5, S. 536–543.
Thanem, Torkild/Knights, David (2019): Embodied research methods. London: Sage.
Thielen, Marc (2009): Freies Erzählen im totalen Raum? Machtprozeduren des Asylverfahrens in ihrer Bedeutung für biografische Interviews mit Flüchtlingen. In: Forum Qualitative Sozialforschung/Forum: Qualitative Social Research, Vol. 10, Issue 1, Art. 39.
www.doi.org/10.17169/fqs-10.1.1223
Thomas, William I./Thomas, Dorothy S. (1970 [1928]): The child in America. Behavior problems and programs. New York: Johnson.
Toraldo, Maria L./Islam, Gazi/Mangia, Gianluigi (2018): Modes of knowing. Video research and the problem of elusive knowledges. In: Organizational Research Methods, Vol. 21, Issue 2, S. 438–465.

Ullrich, Carsten G. (2019): Das Diskursive Interview. Methodische und methodologische Grundlagen. Wiesbaden: Springer VS.

Unger, Hella von (2014): Partizipative Forschung. Einführung in die Forschungspraxis. Wiesbaden: Springer VS.

Unger, Hella von/Dilger, Hansjörg/Schönhuth, Michael (2016): Ethikbegutachtung in der sozial- und kulturwissenschaftlichen Forschung? Ein Debattenbeitrag aus soziologischer und ethnologischer Sicht. In: Forum Qualitative Sozialforschung/Forum: Qualitative Social Research, Vol. 17, Issue 3, Art. 20. www.doi.org/10.17169/fqs-17.3.2719

Völcker, Matthias/Bruns, Alexander (2018): Die digitale Selbstdarstellung. Zur subjektiven Bedeutung von Selfies für Heranwachsende und junge Erwachsene. In: Forum Qualitative Sozialforschung/Forum: Qualitative Social Research, Vol. 19, Issue 3. www.doi.org/10.17169/fqs-19.3.2873

Wang, Caroline/Burris, Mary Ann (1997): Photovoice. Concept, methodology, and use for participatory needs assessment. In: Health Education & Behavior, Vol. 24, Issue 3, S. 369–387.

Weber, Max (1904): Die Objektivität sozialwissenschaftlicher und sozialpolitischer Erkenntnis. In: Archiv für Sozialwissenschaft und Sozialpolitik, Vol. 19, Issue 1, S. 22–87.

Weber, Max (1968): Gesammelte Aufsätze zur Wissenschaftslehre. Herausgegeben von Johannes Winkelmann. Tübingen: Mohr.

Weber, Max (1980 [1921/22]): Wirtschaft und Gesellschaft. Grundriss der verstehenden Soziologie. Tübingen: Mohr.

Werner, Jilian/Stiehler, Steve/Nestmann, Frank (2006): „Dresdner Bewältigungsvignetten". Ein qualitatives Erhebungsinstrument zur Erfassung kindlicher Hilfesuch- und Bewältigungsstrategien. In: Hollstein, Betina/Straus, Florian (Hrsg.): Qualitative Netzwerkanalyse. Konzepte, Methoden, Anwendungen. Wiesbaden: VS Verlag für Sozialwissenschaften, S. 417–440.

Wimmer, Hannes (2009): Gewalt und das Gewaltmonopol des Staates. Wien: LIT.

Witzel, Andreas (2000): Das problemzentrierte Interview. In: Forum Qualitative Sozialforschung/Forum: Qualitative Social Research, Vol. 1, Issue 1, Art. 22. www.doi.org/10.17169/fqs-1.1.1132

Wodak, Ruth (2015): The politics of fear. What right-wing populist discourses mean. Los Angeles u. a.: Sage.

Wood, Martin/Brown, Sally (2011): Lines of flight. Everyday resistance along England's backbone. In: Organization, Vol. 18, Issue 4, S. 517–539.

Wrentschur, Michael (2014): Politisch-partizipative Theaterarbeit. Ästhetische Bildung und politische Beteiligung. Die Theater- und Kulturinitiative InterACT als Beispiel. In: Magazin erwachsenenbildung.at. Das Fachmedium für Forschung, Praxis und Diskurs, Ausgabe 22. https://www.pedocs.de/frontdoor.php?source_opus=9176 (Eingesehen am: 12.02.2021).

Wright, Michael T./Unger, Hella von/Block, Martina (2010): Partizipation der Zielgruppe in der Gesundheitsförderung und Prävention. In: Wright, Michael T. (Hrsg.): Partizipative Qualitätsentwicklung in der Gesundheitsförderung und Prävention. Bern: Huber, S. 35–52.

Zeiher, Hartmut J./Zeiher, Helga (1998): Orte und Zeiten der Kinder. Soziales Leben im Alltag von Großstadtkindern. Weinheim/München: Juventa.

Ziemann, Andreas (2013): Zur Philosophie und Soziologie der Situation. Eine Einführung. In: Ziemann, Andreas (Hrsg.): Offene Ordnung? Philosophie und Soziologie der Situation. Wiesbaden: Springer VS, S. 7–18.